本书获得江西省社会科学基金项目"产业协同集聚对
响机制与政策研究"（20YJ32）的资助

产业集聚

异质性对经济增长的影响机制研究

卢星星 ◎ 著

RESEARCH ON
THE INFLUENCE
MECHANISM OF
INDUSTRIAL
AGGLOMERATION
HETEROGENEITY ON
ECONOMIC GROWTH

经济管理出版社

ECONOMY & MANAGEMENT PUBLISHING HOUSE

图书在版编目（CIP）数据

产业集聚异质性对经济增长的影响机制研究/卢星星著 . —北京：经济
管理出版社，2021.6
ISBN 978 - 7 - 5096 - 8086 - 5

Ⅰ. ①产… Ⅱ. ①卢… Ⅲ. ①产业集群—影响—经济增长—研究—中国
Ⅳ. ①F269. 23

中国版本图书馆 CIP 数据核字（2021）第 120747 号

组稿编辑：杜　菲
责任编辑：杜　菲
责任印制：黄章平
责任校对：董杉珊

出版发行：经济管理出版社
　　　　　（北京市海淀区北蜂窝 8 号中雅大厦 A 座 11 层　100038）
网　　　址：www. E - mp. com. cn
电　　　话：(010) 51915602
印　　　刷：唐山昊达印刷有限公司
经　　　销：新华书店
开　　　本：720mm × 1000mm/16
印　　　张：14. 5
字　　　数：263 千字
版　　　次：2021 年 7 月第 1 版　　2021 年 7 月第 1 次印刷
书　　　号：ISBN 978 - 7 - 5096 - 8086 - 5
定　　　价：88. 00 元

前　言

　　产业集聚是一个国家或地区经济发展的重要特征，研究其对经济增长的影响是产业经济学关注的热点问题。当下，国际国内发展环境复杂多变，国际贸易摩擦不断升级，国内经济发展进入新常态，对产业集聚提出了更高的要求。中国作为一个城市数量庞大、地区差异显著、关联紧密的泱泱大国，一概而论的产业集聚发展策略明显不适合。因此，需要考虑各城市空间的差异性和关联性，提出有针对性的对策，促进城市经济增长。本书着重探讨产业集聚类型异质性、效应异质性、空间异质性视角下产业集聚对经济增长的影响机制，并利用中国 280 个城市 2004～2016 年的面板数据，通过空间计量方法实证检验产业集聚异质性对经济增长的影响效果及空间溢出效应，从而提出区别化的产业集聚发展策略。根据本书研究的逻辑思路和分析框架，主要探讨五个方面的内容。

　　一是产业集聚异质性对经济增长的理论框架。以产业集聚类型异质性为核心基础、产业效应异质性为外部途径、产业空间异质性为空间载体，分析异质性视角下产业集聚对经济增长的影响理论机制。其中，产业集聚类型异质性包括制造业集聚、生产性服务业集聚、制造业与生产性服务业协同集聚；产业集聚效应异质性包括专业化效应、多样化效应、竞争化效应；产业集聚空间异质性包括人口规模异质性、地理区位异质性、行政等级异质性。

　　二是产业集聚异质性的时空演变。从产业集聚异质性的现实基础切入，通过单个产业集聚指数、多个产业协同集聚指数测算，分析产业集聚不同类型、不同空间异质性分类的时空演化特征；在此基础上进一步测算产业集聚效应异质性的指标，并确定产业集聚空间异质性的表征变量。

三是产业集聚类型异质性对经济增长的影响研究。选择空间杜宾模型，以制造业集聚指数、生产性服务业集聚指数、制造业与生产性服务业协同集聚指数为核心解释变量，实证检验以人均 GDP 衡量的经济增长的影响效果。结果发现：制造业集聚对经济增长具有促进作用；生产性服务业集聚对经济增长作用不大，制造业与生产性服务业协同集聚对经济增长具有非常显著的正效应。分地区来看，产业集聚类型异质性对经济增长的影响效果存在较大差异。

四是产业集聚效应异质性对经济增长的影响研究。将 MAR 外部性、Jacobs 外部性和 Porter 外部性指数作为产业集聚效应异质性的代理变量，通过空间杜宾模型检验其对经济增长的影响效果。结果发现：MAR 外部性对经济增长的影响呈现倒 U 形关系，Jacobs 外部性、Porter 外部性对经济增长的影响呈现 U 形关系。分区域来看，产业集聚效应异质性对经济增长的影响方向较为一致，但是影响程度与显著性具有较大的差异。

五是产业集聚空间异质性对经济增长的影响研究。以制造业集聚指数、生产性服务业集聚指数、制造业与生产性服务业协同集聚指数、MAR 外部性、Jacobs 外部性、Porter 外部性分别与空间异质性三个表征变量（人口规模、地理区位、行政等级）交互项为核心解释变量，实证检验产业集聚空间异质性对经济增长的影响效果。结果发现：城市人口规模越大，制造业集聚、生产性服务业集聚对经济增长的促进作用越明显，两者协同集聚对经济增长具有抑制作用，人口规模较大城市产业集聚的专业化效应和多样化效应对经济增长具有正效应，但是竞争化效应则为负效应。沿海城市制造业集聚、生产性服务业对经济增长具有抑制作用，两者协同集聚对经济增长则具有促进作用，产业集聚的专业化效应为正效应，但是多样化效应和竞争化效应均为负效应。高行政等级城市的制造业集聚、生产性服务业集聚能够促进经济增长，两者协同集聚对经济增长具有抑制作用；产业集聚的专业化效应和多样化效应对经济增长具有正效应，竞争化效应则为负效应。分区域来看，由于人口规模、地理区位、行政等级等空间异质性的存在，产业集聚对经济增长的影响与全国层面的结果具有较大差异。

基于上述的研究成果，本书提出不同的城市应根据不同的空间异质性、集聚类型选择不同的产业集聚发展策略。具体表现为：制造业集聚发展应转变发展方式，实现集聚内部结构优化；生产性服务业集聚应依托供需关系，实现高效率高质量发展；产业协同集聚发展应完善体制机制，保障资源要素自由流通；人口规模较大城市应结合自身优势，不可贸然推进协同集聚；沿海城市应优化产业集聚结构，提升产业协同集聚质量；高行政等级城市应发挥中心城市功能，区别推进产业集聚发展；积极推动区域空间协调发展，强化产业集聚作用。

目　录

第一章

绪　论

一、研究背景和意义

（一）研究背景

产业集聚是一个国家或地区经济发展的重要特征，其与经济增长之间的关系是产业经济学研究的热点问题之一。当下国际国内发展环境复杂多变，国际贸易摩擦不断升级，国内产业结构转型和资源环境约束，对产业集聚提出了更高的要求。

1. 发达国家"再工业化"兴起

20世纪80年代，西方发达国家开始推行"去工业化"战略，将国内发展中心由制造业转向服务业，实现从工业经济到服务经济。这种转变战略为西方发达国家带来巨大利益的同时，也为经济危机的爆发埋下隐患。2008年美国金融危机爆发，后来演变成为全球性的金融危机，为应对危机后的经济复苏，西方发达国家开始依托先进制造技术和科技创新提出"再工业化"战略，从美国的"制造业回归"、德国的"工业4.0"到日本的

"重振日本制造业"①。"再工业化"战略旨在对经济结构"过度虚拟化"进行纠偏，以创新激发制造业的活力，加大发展高附加值的先进制造业，为服务型经济发展提供可服务的对象。因此，制造业和服务业将呈现新的空间集聚趋势。

2. 中国经济发展进入新常态

中华人民共和国成立 70 多年来特别是改革开放 40 多年来，中国经济发展取得了世界瞩目的成绩。2009 年，中国制造业增加值超过美国，成为世界第一制造业大国、世界重要的经济发展体。但是随着经济的不断发展，中国的人口红利、土地红利等正在逐步消失：一方面，面临经济增长速度从高速向中高速转变；另一方面，面临资源枯竭与环境污染的双重约束，这种长期以高耗能和高排放的粗放型发展方式不可能持续。党的十八大以来，党中央从我国经济建设的实际出发，根据国际国内经济运行的新趋势、新变化，提出了我国经济发展进入新常态的重大判断（郭克莎，2016）。随着我国经济发展新常态的到来，标志着传统粗放式的规模扩张、简单的要素投入拉动经济增长阶段已经过去。党的十九大报告提出"我国经济已由高速增长阶段转向高质量发展阶段，正处在转变发展方式、优化经济结构、转换增长动能的攻关期"，"必须坚持质量第一、效益优先，以供给侧结构性改革为主线，推动经济发展质量变革、效率变革、动力变革，提高全要素生产率"，要"促进我国产业迈向全球价值链中高端，培育若干世界级先进制造业集群"。

3. 产业集聚呈现新变化

近年来，为进一步加强区域合作，我国制定了较多国家发展战略，如大力推进"一带一路"建设、加快推进长江经济带建设等。同时随着高铁时代的到来，产业集聚正在发生新的变化，区域发展不平衡更加显现。根据测算，2016 年全国制造业集聚整体水平略有下降，东部地区的制造业集

---

① 美国 2010 年出台了"鼓励制造业和就业机会回国策略"，2014 年出台了"振兴美国先进制造业"；德国 2013 年出台了"保障德国制造业的未来：关于实施'工业 4.0'战略的建议"；日本 2015 年出台了"2015 版制造白皮书"。

聚程度仍然高于中部和西部地区，沿海城市的制造业集聚高于内陆城市，高行政等级城市高于低行政等级城市。生产性服务业集聚则以东部地区和高行政等级城市占据绝对优势。制造业与生产性服务业协同集聚的形势同样呈现东部高于中部和西部，沿海城市高于内陆城市，高行政等级城市高于低行政等级城市[①]，且趋势以及差距在不断变化（见图1-1、图1-2）。

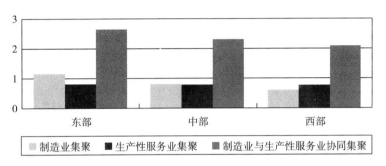

图1-1 2016年东、中、西部区域产业集聚均值情况

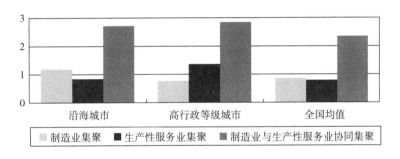

图1-2 2016年全国沿海与高行政等级城市产业集聚均值情况

（二）研究意义

产业集聚是经济活动中最突出的发展特征，经济增长是经济社会发展

---

① 高行政等级城市包括直辖市、副省级城市以及其他的省会城市；其余城市则为低行政等级城市。

活动的目标。中国地域辽阔，由于不同城市的资源禀赋条件、人口规模、基础设施水平、产业发展基础、区域分工角色等不同形成异质性特征，因此，特色化的产业集聚发展策略是实现经济增长的重要选择。国际国内经济发展环境复杂多变，在西方发达国家"再工业化"的发展策略影响下，国际贸易摩擦不断升级，国内经济发展进入新常态，产业结构失衡、资源短缺与浪费、要素利用效率不高、生态环境约束越来越严峻。各城市拥有的空间异质性特征，如人口规模、行政等级、地理区位、产业发展等方面的差异会直接影响资源配置效率、交易成本以及知识信息溢出等，进而影响产业集聚对经济增长的作用。各城市如果忽略彼此差异，采取"一刀切"的产业发展政策会造成城市的同质化竞争，以及经济发展质量和效率的低下。厘清各城市产业集聚基础及周边空间条件，制定适应自身发展需要的政策，对实施新一轮的产业布局思路具有重要的现实意义。因此，本书通过研究中国280个城市产业集聚、产业协同集聚的时空演化规律，实证分析产业集聚异质性对经济增长的影响机制，从产业集聚类型、效应、空间差异等角度总结不同的规律，为分类指导各类城市产业集聚发展，提升经济发展水平与质量提供现实依据。

二、研究目标与内容

（一）研究目标

本书依托新古典经济学、新经济地理学、新制度经济学的理论基础，分析产业集聚与经济增长的关系，从产业集聚类型、效应和空间异质性三个视角探讨产业集聚对经济增长的影响机制，并提出差异化的产业集聚发展战略。主要研究目标包括三个方面：

目标一，探讨不同产业集聚类型，包括单个产业集聚和多个产业协同集聚（即制造业集聚、生产性服务业集聚、制造业与生产性服务业协同集聚）对经济增长的影响机制。

目标二，探讨不同产业集聚效应，包括专业化效应、多样化效应、竞争化效应（即 MAR 外部性、Jacobs 外部性、Porter 外部性）对经济增长的影响机制。

目标三，立足产业集聚空间异质性视角，探讨产业集聚对不同城市经济增长的影响差异，进而提出差异化、特色化的产业集聚发展战略和区域协调发展对策。

（二）研究内容

本书以中国 280 个城市为研究对象，基于各城市 2004～2016 年的面板数据，运用经济地理分析方法构建空间计量模型，研究产业集聚异质性对经济增长的影响。主要研究内容具体如下：

1. 产业集聚异质性对经济增长的影响理论机制

重点从产业互动、空间互动两个视角分析产业集聚异质性的切入点，进而概括产业集聚异质性的内涵，重点分析产业集聚类型异质性、效应异质性、空间异质性对经济增长的影响机理，为实证研究提供理论支撑。

2. 产业集聚的测度与时空演化分析

利用 280 个城市 13 年的数据进行产业集聚的测度和分析，主要包括三个方面的内容：一是利用区位熵指数（LQ）和协同集聚指数（Coagg）测度 280 个城市 2004～2016 年制造业集聚、生产性服务业集聚、制造业与生产性服务业协同集聚的结果，进一步从总体、分区域、分城市视角分析三者的变化；二是在测算结果的基础上，利用 ArGIS 对 2004 年、2008 年、2012 年、2016 年三种集聚类型的空间演化趋势进行动态描绘和分析；三是利用 Moran's I 指数对三种集聚类型是否存在空间溢出效应进行探索性分析，包括空间自相关和局部自相关。

3. 产业集聚异质性对经济增长的实证研究

利用空间面板计量模型，从全国和区域两个层面实证研究产业集聚类型异质性、产业集聚效应异质性、产业集聚空间异质性对经济增长的影响。产业集聚类型异质性对经济增长影响的实证检验，主要研究单个产业（制造业、生产性服务业）、多个产业协同集聚（制造业与生产性服务业）对经济增长的影响，并分析东、中、西部的影响差异。产业集聚效应异质性对经济增长影响的实证检验，主要是探讨产业集聚对经济增长的影响路径，研究 MAR 外部性、Jacobs 外部性、Porter 外部性哪种效应占主导地位，以及分析外部性对经济增长影响的地区差异性。产业集聚空间异质性对经济增长影响的实证检验，主要立足产业集聚类型异质性和效应异质性的基础，从人口规模、地理区位、行政等级三个角度实证分析不同产业集聚类型和效应对经济增长影响的变化。核心解释变量利用产业集聚指数、外部性指数与空间异质性指标的交互项来衡量。

4. 产业集聚异质性发展的政策导向

归纳总结研究结论，立足研究的不足之处提出进一步研究的方向和展望。同时根据研究结果总结提出差异化的政策启示，以促进产业集聚发展，提升经济发展水平与质量。

三、研究方法与技术路线

（一）研究方法

本书研究以产业经济学为主，结合区域经济学、经济地理学、管理学、空间经济学等展开多学科交叉研究，分析研究中国各城市产业集聚与经济增长的关系，探讨产业集聚如何影响经济增长。研究涉及的计算机软件包括 ArcGIS、STATA 等。根据本书的研究内容，采取的具体研究方法包括：

1. 文献分析与实地调研

文献分析是指借助国内外关于产业集聚、经济增长的研究成果，通过收集文献资料，利用现有的研究理论和研究模式结合各城市产业集聚实际情况，尝试在理论和实践意义上进行可能的突破和创新。

实地调研是指对部分城市的产业集聚发展情况展开实地调研，通过调查问卷、访谈等形式了解实际情况，提出针对性、代表性、可操作性的政策建议。

2. 实证研究与规范研究

实证研究是指利用 2004～2016 年中国城市统计年鉴、各省区市统计年鉴和统计公报等数据，使用空间计量模型结合 ArcGIS、STATA 等软件，对全国 280 个城市以及分东、中、西部区域城市，并结合空间异质性不同人口规模城市、沿海城市、高行政等级城市等特征，分析探讨产业集聚对城市经济增长的影响。

规范研究是指利用新古典经济学、新经济地理学、新制度经济学等理论，对产业集聚的内涵、产业集聚对经济增长的作用机制等方面进行规范分析。

3. 定性分析与定量分析

定性分析是指运用定性分析方法对产业集聚对经济增长影响的机理进行分析，对产业集聚的类型特征、形成条件、作用机制加以论述，并结合实证结果，提出不同城市可以采取的产业集聚发展策略。

定量分析是指利用区位熵指数、协同集聚指数、Moran's I 指数以及空间面板计量模型，结合 280 个城市的历年统计数据，定量分析产业集聚现实基础和对经济增长的影响。

4. 空间分析与比较研究

空间分析利用空间经济学相关理论，使用 Moran's I 指数、空间面板计量模型，研究主要变量的空间相关性以及产业集聚、协同集聚和产业集聚外部性对经济增长的影响，并采用 ArGIS 形象直观地展现出产业集聚的时空变化。

在比较研究方面，主要是从分区域、产业、人口规模、地理区位、行政等级等维度比较研究产业集聚的现实基础以及对经济增长的影响差异，以便提出更有针对性的建议。

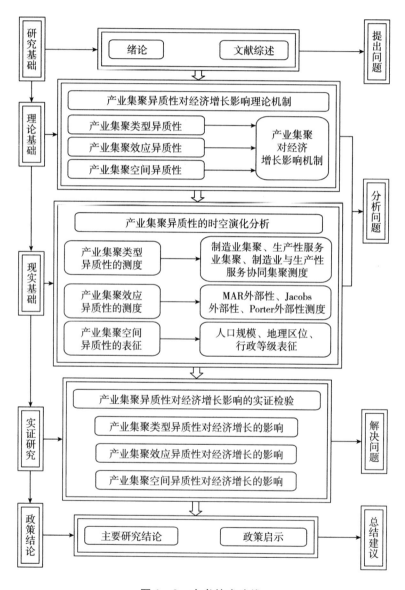

图 1-3 本书技术路线

（二）技术路线

本书从产业和空间视角，立足产业集聚类型、效应和空间三种异质性考虑产业集聚异质性对经济增长的影响，逐步推进，层层剖析。在此核心内容基础上，从理论、现实基础分析入手，分三个部分进行实证，得出差异化的产业集聚发展政策和措施。本书技术路线如图 1－3 所示。

四、可能的创新与不足

（一）可能的创新

1. 研究视角创新

从产业集聚类型异质性、产业集聚效应异质性和产业集聚空间异质性三个视角分析产业集聚对经济增长的影响理论机制，将三个视角整合到一个完整的理论框架，分析三者的逻辑关联和影响关系，拓展了现有研究对该问题的单一视角分析的不足。

2. 研究方法创新

通过构建产业协同集聚指数以及三个外部性指数，基于中国 280 个城市数据，利用空间计量方法从产业集聚异质性视角实证研究其对经济增长的影响，弥补了现有大多数学者将区域研究对象当作孤立的单元，忽略了区域之间溢出效应的不足，对于降低模型偏误具有一定积极意义。

3. 研究结论创新

从产业互动和空间互动两个视角出发可以得出产业集聚三种异质性的分类，不同产业集聚类型对经济增长的影响存在较大差异，不同产业集聚效应对经济增长的影响存在较大差异，如果考虑空间异质性，产业集聚对经济增长的影响具有明显的空间差异。提出了不同类型产业集聚应采取不同的对策，不同城市应采取不同的产业集聚发展战略，为各城市产业集聚发展提供了新思路。

（二）存在的不足

尽管本书试图在现有研究的基础上对研究问题进行深入和细化，但由于研究了全国 280 个城市 2004～2016 年产业集聚对经济增长的影响，受限于实证研究数据的可获得性和连贯性等因素，仍存在诸多不足，这也是未来试图进一步研究的方向，主要有四个方面：

1. 研究范围未能扩大到全国所有城市

限于数据的可获得性，《中国城市统计年鉴》中西藏、新疆、青海、海南四个省份所有地级及以上城市，以及安徽巢湖、贵州省的毕节和铜仁等均不在本次研究范围。

2. 产业集聚未能考察细分行业

将制造业、生产性服务业作为一个整体进行研究，并未能做到对两位数的制造业和具体生产性服务业的考察。

3. 对产业集聚空间异质性的考察不够全面

在产业集聚与经济增长的范畴下空间异质性包括很多方面，本书只是从人口规模差异、地理区位差异、行政等级差异等方面着手，而没有考虑经济发展基础、营商环境、历史文化等差异。

4. 部分指标的选择还有待进一步完善

鉴于数据的限制，在控制变量选择和空间权重矩阵的选择上还有待进一步完善，如关于基础设施的控制变量，采用人均城市铺设道路来表示，但是没有考虑铁路、高速公路等影响；空间权重矩阵选用的是城市相邻矩阵，而未考虑经济距离或地理距离等权重矩阵。

一、产业集聚相关理论研究综述

（一）产业集聚的基本概念

产业集聚现象一直都是众多学科研究的热点对象，由于产业集聚的概念广泛，目前有许多与产业集聚（Industrial Agglomeration）相近的概念，如企业集聚（Enterprises Agglomeration）、产业集群（Industrial Cluster）等（庞琛，2017）。这三种叫法大同小异，核心关注的内容比较一致，只是具体内涵的宽度与重点存在差异。

1. 产业集聚的概念

本书所研究的产业集聚内涵比较宽泛，包括产业在特定空间区域内部的集中以及成长现象，也包括跨区域转移形成的地理上集中的状态和形成机制。主要包括三个特征：一是空间上的多层次性，既可以是具体城市的空间集中，也可以是省级行政区的集中，乃至国家或更大区域的产业集中；二是静态与动态相结合，产业集聚在空间上的分布现象是一种静态的集聚现象，而产业在空间上集中及成长的过程和趋势，是一种动态的产业集聚过程；三是产业的集聚与扩散变化，空间区域范围内的产业集聚是受到离心力与向心力的影响，表现出产业集聚与产业扩散，当一个城市的产业在发展初期受到向心力作用，产业形成集聚，但是当集聚发展到一定程度受到离心力的影响，产业会向外扩散，继而在另一个城市形成集聚。

2. 企业集聚的概念

Marshall（1920）最早提出"企业集中于特定地方"的工业现象，并对这一现象产生的原因进行了较为全面的阐述。他将许多性质相似的小企业集中于特定地方的现象称为地方性工业，并指出自然资源禀赋、水陆交通的便利条件、市场的潜在需求是引起地方性工业的主要原因。随后Weber（1929）在《工业区位理论》中提出了"产业集中区"的概念，最早提出并使用"集聚经济"（Agglomeratione Eonomies）的概念。一般来说，企业集聚是指一定数量的企业在地理上表现出集中现象，从范围上包含在产业集聚中。

3. 产业集群的概念

Porter（1990）在《国家竞争优势》一书中将产业集群定义为，某一特定空间领域内，有相互关联、在地理上集中的公司、产业链上下游配套企业和各类服务机构的集合。新经济地理学的代表人物Krugman（1991）认为地理上的集聚和专业化产生了规模经济，规模经济又会吸引更多的企业集聚，从而形成产业集群。同时，竞争与产业集群也有密切关系，产业集群内部的合作与竞争以及群体协同效应的发挥，使得区域内产业集群具有较强的竞争力，这种竞争力除可以提高市场占有率、生产效率，降低交易成本、市场壁垒外，还可以从知识共享中受益。因此，从本质上，产业集群是产业集聚结果的体现。

（二）产业集聚的测度方法

从产业集聚理论提出至今，许多学者在对其测度上做了大量研究，已经有很多方法。不同的分类角度有所不同，基于总体经济活动的测量方法有行业集中度（CR_n 指数）、赫芬达尔指数（H 指数）、区位熵（LQ）、空间基尼系数、E - G 指数、M - S 指数；基于距离空间测度方法有 Repley 的 K 函数、D - O 指数、M 函数、Moran's I 指数（关爱萍和陈悦，2014；张琳彦，2015）。

从测度数据使用角度来分类，基于城市宏观数据的测度方法包括区位熵、产业空间基尼系数、产业方差系数、地方化差异系数。基于企业微观数据的测度方法包括行业集中度（CR_n 指数）、赫芬达尔指数（H 指数）。基于宏观数据与微观数据相结合的测度方法有 E - G 指数（也称 γ 指数）。具体分类归纳如表 2 - 1 所示。

表 2 - 1 产业集聚测度方法分类

序号	分类视角	方法名称
视角	基于总体经济活动测度	行业集中度（CR_n 指数）、赫芬达尔指数（H 指数）、区位熵（LQ）、空间基尼系数、E - G 指数、M - S 指数
	基于空间距离测度	D - O 指数、M 函数、Moran's I 指数
数据	宏观数据	区位熵（LQ）、产业空间基尼系数（G）、产业方差系数、地方化差异系数
	微观数据	行业集中度（CR_n 指数）、赫芬达尔指数（H 指数）
	宏观与微观数据结合	E - G 指数（也称 γ 指数）

1. 行业集中度（CR_n 指数）

行业集中度，又称市场集中度或市场集中率，是指某一产业中规模最大的前 n 家企业所占市场份额（如产值、产量、职工人数等）的总和，CR_n 越大，说明这一行业或地区的集聚程度越高。由于行业集中度计算过程简单，含义较明确，因此，行业集中度成为测算产业集聚程度的常用方法。行业集中度的大小受 n 取值的影响，通常情况下 n 取 1、3、4 或 8，n 值越大行业集中度也越大。徐康宁和冯春虎（2003）采用 CR_5 指标测度中国 28 个制造业地区的集中度水平，结果发现中国制造业地区性集中特征十分明显，产业集聚的空间集聚格局与经济发展梯度吻合，并且随着时间推移呈现出强化趋势。王子龙等（2006）使用行业集中度 CR_n 指数和 E – G 指数对中国部分制造业 1994 ~ 2003 年的集聚水平进行测度，结果表明中国制造业产业的总体集聚程度在不断提高，产业集聚和地方化呈现增长趋势。

2. 赫芬达尔指数（H 指数）

在国内外大量的关于产业集聚程度的文献中，赫芬达尔指数是使用频率较高的产业集聚测度指数之一，最初用来衡量市场竞争和垄断的关系。该指数衡量的是某产业内所有企业的市场份额的平方和。H 取值在 $1/n$ 和 1 之间变动，H 值越大，说明该产业内企业市场份额的分布越集中，产业集聚现象越明显。雷鹏（2011）使用赫芬达尔指数估算 2002 年、2005 年和 2008 年我国 20 个制造业行业的集聚程度，并分为三个区间，结果表明集聚程度由高到低呈现从技术密集型向资本密集型，再向劳动密集型转移的过程。

3. 区位熵（LG）

区位熵又称地方专门化率，能够对地域要素的空间分布状况进行衡量，用来判别产业是否存在集聚的可能性方法之一。常用的测定指标有工业总产值、工业增加值、就业人数等，LQ 的值越大，该地区产业的集聚水平越高。区位熵指数在研究产业集聚，地区专业化过程中应用广泛。

4. 空间基尼系数（G）

空间基尼系数是衡量产业集聚程度指标的一种，是 Krugman 于 1991 年在检验其中心—外围模型时使用的产业集聚测度方法，G 的取值在 0 和 1 之间，随着数值的增大，表示产业集聚程度越强。梁琦和刘厚俊（2003）使用基尼系数分析了 1994 ~ 2000 年中国 24 个行业产业集聚程度的变化情况，研究发现我国地区产业分布的集中程度不断提升，产业集聚的趋势日益明显。

5. E – G 指数（γ_i^{EG}）

Ellison 和 Glaeser（1997）基于空间基尼系数提出了新的集聚指数，即 E – G 指数，用来测定产业的地理集中程度。γ_i^{EG} 取值越大，产业集聚态势越明显。路江涌和陶志刚（2006）使用 E – G 指数测度我国制造业 1998 ~ 2003 年的集聚程度，并与国际比较，发现我国产业集聚程度处于上升阶段，但仍然低于西方发达国家。此外，由于数据的不可获得性，很多研究者也采用调整后的 E – G 指数进行相关研究，如杨仁发（2013）等。

6. M – S 指数（γ_i^{MS}）

基于 E – G 指数的框架，通过对任意两个企业选择在同一区域赋值一个概率 P 对 E – G 指数进行修正，形成了一个新的公司区位选择模型，即 M – S 指数。由于 M – S 指数与 E – G 指数差距就在分子项，因此，两者的计算结果差距不大。

7. D – O 指数

Duranton 和 Overman（2008）通过使用高斯核函数估计单变量的距离密度，即为 D – O 指数。但这个函数并不能直接判断产业是否集聚。为了解决这个问题，D – O 函数给出产业是否集聚的统计检验，即比较实际值的距离密度与基于完全随机分布的密度之差，若观测值的实际距离密度大于随机密度，则产业是集聚的，否则产业是分散的。

8. M 函数

Marcon 和 Puech（2003）通过修正函数和函数对距离测度方法进行改善并提出 M 函数。M 函数的比较标准是 1，M > 1 表示半径 r 范围内 S 行业的空间分布是集聚的，M 越大集聚度越高，M < 1 则说明是分散的。

9. Moran's I 指数

不同于以上其他的测算方法，Moran's I 指数从空间相关的角度，通过衡量事物和现象的相关方向和程度来判断产业是否集聚，其最主要的做法是通过引入空间权重矩阵来表示空间相邻性。随着空间经济学的发展，Moran's I 指数应用范围越来越广。

（三）产业协同集聚

随着产业集聚理论研究的深入，大部分学者的研究视角从单个产业的集聚问题延伸到不同产业的集聚相互影响领域。国内外许多学者研究发现，产业聚集不仅是单一产业在空间上不断集中，而且还伴随其他产业的协同聚集（Ellison & Glaeser，1997；Porter，1998；Duranton & Overman，2008；Ellison et al.，2010）。近年来，中国产业集聚发展面临转型升级，极大激发了学者对产业协同集聚（Co‐aggrigation）的研究热情，研究制造业与生产性服务业协同集聚的文献较多。国内外大多数学者发现，生产性服务业的发展对制造业竞争力具有明显的促进作用（顾乃华等，2006；杨仁发，2013），对制造业的空间聚集也具有明显的推动作用（赵伟和郑雯雯，2011；沈飞等，2013）。此外，也有少数文献对物流产业与制造业、旅游与制造业的协同集聚进行研究，但是其他产业的协同集聚较少涉及。理论研究主要从两个方向进行研究。

1. 产业关联视角

产业关联是通过一些发达国家或地区的生产性服务业与制造业之间的联系来进行研究，生产性服务业作为中间投入品，其投入的质量与方式不仅对工业增长的现代化程度产生影响，而且还会影响产业之间的关联度。对于产业关联最常见的就是 Krugman 和 Venables（1995）所开创的垂直关联模型（CPVL 模型），从投入产出的纵向联系角度考察集聚产生的原因以及相关联产业间的协同集聚。此后，国内外学者运用垂直关联模型来研究产业间的关联（Glaeser et al.，1997；陈建军和陈菁菁，2011；江曼琦和席强敏，2014；吉亚辉和甘丽娟，2015；俞世峰，2016）。陈建军等（2011）采用协同聚集指数从产业和空间两方面测算了长三角两位数产业的集聚程度，发现东部地区的协同集聚指数处于上升阶段，而中西部地区在城市规模达到一定程度后协同集聚指数下降。俞世峰（2016）基于上海市制造业数据，采用协同集聚指数构建了产业集聚指数模型，结果表明大部分行业的协同集聚指数呈现不断上升趋势，且开放程度越高，指数也越高，但是一些行业需要具有一定规模后协同集聚指数才会上升。

2. 空间集聚的视角

利用新经济地理学的中心—外围模型进行研究，生产性服务业集聚伴随制造业集聚的发展在空间布局方面呈现自己的特征。大部分学者在研究区域协调发展时发现在这个区域内生产性服务业出现在区域的核心位置，而制造业则出现在区域的外围，在城市大小规模上也呈现这种相似特征。对于制造业和生产性服务业与我国城市规模之间的关系，国内有许多学者进行了研究，发现大规模城市生产性服务业集聚程度高于制造业，周边小城市制造业集聚水平较高（白重恩等，2004；文玫，2004；范剑勇，2004；罗勇和曹丽莉，2005；路江涌和陶志刚，2006；杨洪焦等，2008；韩峰和柯善咨，2012）。罗勇和曹丽莉（2005）通过对中国 20 个制造行业集中度微观数据的测算，发现中国制造业的协同集聚指数呈现出上升的趋势。路江涌和陶志刚（2006）利用协同集聚指数考察了 1998～2003 年中国制造业的地区集聚程度的发展趋势。

（四）产业集聚外部性

Marshall 认为产业集聚对地方经济的作用是通过外部性来表现的，现有文献中关于产业集聚的外部性主要有三类：MAR 外部性、Jacobs 外部性和 Porter 外部性，最早明确提出这三种外部性分类的是 Glaeser 等（1992）。

Marshall（1920）认为产业集聚对经济的增长主要得益于集聚带来的熟练劳动力、专业中间服务和技术外溢等效应。Glaeser 等（1992）把同一产业内部的专业化分工称为区域定位经济（Localization）。从动态角度来看，这种效应也称为 Marshall – Arrow – Romer（MAR）外部性。MAR 外部性理论认为，垄断更有利于技术的创新和增长。

Jacobs（1969）则认为不同产业集聚比单一产业集聚更能促进创新和经济增长，一个城市产业集聚多样化程度越高，越有利于知识的传播，从而促进经济增长。Combes（2000）也提出在技术相近的产业之间，革新往往更具有带动性。这种由产业集聚多样化带来的效应称为城市化经济

（Urbanization Economies），在动态背景下也被称为 Jacobs 外部性。Jacobs 外部性理论认为高度竞争的市场环境有利于促进公司不断进行技术创新。

"Porter 外部性"是 Porter（1990）提出的，他认为市场竞争比市场垄断更有利于产业创新，且同一产业集聚比不同产业集聚更有利于知识和技术溢出效应的发挥。地区同一产业竞争更容易促进厂商将产业创新技术更快地运用和实施到实际生产中，这样将更能促进地区产业增长，提高地区劳动生产率。

国内关于产业集聚外部性的研究文献较多。薄广文（2007）利用我国 25 个产业的面板数据研究了 MAR 外部性和 Jacobs 外部性对经济增长的影响。吴三忙和李善同（2011）利用中国 31 个省区市 169 个制造业的数据，研究 MAR 外部性、Jacobs 外部性、Porter 外部性对制造业增长的影响。

二、产业集聚与经济增长关系研究综述

（一）产业集聚与经济增长理论研究综述

在理论方面，最早研究产业集聚与经济增长关系的研究是 Marshall（1920），他认为产业集聚通过三种途径对经济增长产生作用：一是劳动力资源的汇集；二是知识和技术的溢出效应；三是道路基础设施的完善。之后有许多学者进一步丰富和完善产业集聚与经济增长之间的理论。真正将产业集聚和经济增长结合研究的是以 Krugman、Fujita 和 Venables 等为代表的新经济地理理论。他们的研究模型基本上以 D－S 垄断竞争模型为基础，假定存在冰山成本和规模报酬递增，在此基础上研究产业集聚与经济增长的逻辑关系（高丽娜，2012）。

在研究方法上，通过将新经济地理学模型和内生增长理论结合来研究

区域经济增长问题，主要有四个角度。一是从区域总量上分析产业集聚与经济增长的关系；二是从区域空间溢出的角度，认为产业集聚能够提高当地的经济增长率；三是从产业集聚的前后向关联切入，通过降低交易成本和创新成本从而促进经济的高速增长；四是从生产要素流动的角度，认为产业集聚带来劳动力流动性、资本流动性和知识溢出效应，从而有利于促进经济增长。

从国内研究的情况看，基本上以引进国外理论模式为主，真正创新或者在理论与实证分析方面的创造并不多见，大部分理论研究集中在产业集聚的形成机理、动力机制、对经济增长的影响与地区差异方面的实证分析（范剑勇，2004；汪斌和董赟，2005；罗勇和曹丽莉，2005；贺灿飞和刘洋，2006；周圣强和朱卫平，2013；孙浦阳等，2013；杨孟禹和张可云，2016）。

（二）产业集聚与经济增长实证研究综述

1. 经济增长指标衡量的综述

产业集聚与经济增长实证研究中首先要解决的问题是衡量指标，产业集聚的测度前文已经论述过，关于经济增长的衡量指标，现有文献采用的主要有单一指标和综合指标两种类型。用单一指标衡量，主要是人均GDP、劳动生产率等。张艳和刘亮（2007）、章元和刘修岩（2008）等用人均GDP作为衡量指标，发现产业空间聚集对于人均GDP增长具有明显的促进作用。范剑勇（2006）、刘修岩（2009）、张海峰和姚先国（2010）用地区劳动生产率作为衡量指标，发现以就业密度表征的经济集聚显著促进了地区劳动生产率增长。用综合指标衡量，普遍使用的是全要素生产率。Ciccone（2002）得出产业集聚促进全要素生产率的提高；赵伟和张萃（2008）发现制造业区域集聚的全要素生产率提高效应明显；朱英明（2009）验证了集聚是推动地区全要素生产率增长的动因之一；张公嵬和梁琦（2010）认为产业集聚与全要素生产率增长能够共同提高资源的配置效率；王燕和徐妍（2012）发现产业集聚对全要素生产率及技术进步具有明显的促进作用；舒辉等（2014）使用空间面板计量方法研究发现，中国物流产业集聚能够促进全要素生产率，而且能够通过空间溢出效应促进周边地区的全要素生产率增长。

这些文献因为研究视角和目的不同而采取不同的度量指标，但是在同一个研究领域内，不同指标的结果除显著性的差别外，因果关系的差别不大。本书以中国 280 个城市产业集聚与经济增长的关系研究为主线，受限于数据可获得性的影响，同时考虑时间维度与空间维度的变化，拟采取最直接的指标表达，用人均 GDP 作为经济增长的衡量指标。

2. 产业集聚与经济增长的实证关系综述

关于产业集聚对经济增长作用的实证文献，得出三种结论。一是产业集聚促进经济增长；二是当集聚达到一定程度会抑制经济增长；三是两者之间具有双向促进作用。当然不同类别的产业集聚对经济增长的促进作用存在差异。

（1）产业集聚促进经济增长。Ciccone（2002）运用欧洲 5 个国家的数据，分析了就业密度对平均劳动生产率的影响，结果表明区域就业密度的增长能显著提高劳动生产率。周兵和蒲勇健（2003）在 Solow – Swan 增长模型的基础上，建立了产业集聚作用于经济增长的模型，认为产业集聚通过发挥规模经济降低了产业集聚的平均成本和内部企业的平均成本，提高了集聚区域的无形资产，从而促进经济增长。沈正平等（2004）认为产业集聚通过分工与协作、劳动力共享市场、边干边学机制与创新等途径促进了区域的经济增长，运用区域乘数对产业集群与区域经济增长之间的关系进行了探讨。章元和刘修岩（2008）基于中国城市面板数据，使用工具变量，研究发现历史上的铁路基础设施状况能够通过影响集聚而对人均 GDP 的增长速度产生显著正向影响。田晖（2015）以广东 21 市为例，采用因子分析法和面板数据回归模型，深入分析 2007～2012 年广东各市金融产业集群水平和特征，并就金融产业集群对区域经济增长的作用进行实证研究。

（2）产业集聚对经济增长存在抑制作用。大部分文献证明了产业集聚

能够促进经济增长，但是也有部分学者得出不同的结论。Williamson
（1965）在研究空间集聚与早期的经济发展关系时便提出威廉姆森假说，
指出空间集聚在经济发展初期会显著促进地区经济效率的提升，但当经济
发展水平达到某一门槛值后，产业协同集聚对经济增长的促进作用会变小
甚至为负。谢品等（2013）通过对江西地级市 2006～2009 年面板数据进
行研究，发现产业聚集、地区专业化与经济增长存在着倒 U 形关系。张云
飞（2014）通过采用系统广义矩估计方法研究 2003～2011 年山东半岛城
市群制造业行业面板数据发现，产业聚集与经济增长存在显著的倒 U 形关
系。韩峰等（2014）通过对我国 2003～2011 年城市生产性服务业与经济
增长之间关系的研究发现，生产性服务业集聚的专业化外部性在 100 公里
范围内对经济增长具有显著的倒 U 形影响。

（3）产业集聚与经济增长具有双向促进作用。现有绝大部分的文献侧
重从集聚对经济增长的影响单方面分析集聚和经济增长的关系，但实际上
产业集聚可以影响经济增长，经济增长也会反过来影响产业集聚，两者之
间存在双向影响关系，具有一定的内生性。在实证研究的文献中有部分学
者已经注意到这个问题。Fujita 和 Krugman（1995）、Fujita 和 Thisse
（2002，2003）、Krugman（1991）、Krugman 和 Venables（1995）的研究表
明，企业的集中能够促进地区的经济增长，地区增长带来更大的市场潜
力，反过来又会促进企业的进一步集中，所以集聚与经济增长之间存在互
相强化的内生性关系。陈得文和苗建军（2010）利用新增长理论和新经济
地理学理论构建空间集聚和经济增长的面板数据联立方程，实证分析了中
国 1995～2008 年中国省域集聚和经济增长的内生关系。

（三）产业集聚异质性与经济增长研究综述

本书根据产业集聚异质性不同的分类，结合研究目标和内容，分产业
集聚类型异质性、效应异质性、空间异质性三个方面进行梳理和综述。

1. 产业集聚类型异质性与经济增长的研究综述

产业集聚类型主要是从制造业集聚、生产性服务业集聚、制造业与生

产性服务业协同集聚方面进行综述。制造业集聚、生产性服务业集聚对经济增长的影响在上一节已经有所涉及，本节不再赘述，重点集中在产业协同集聚对经济增长的影响综述上。

随着工业化和城镇化的快速发展，伴随经济全球化的深入和信息技术的革新，生产性服务业集聚程度不断提高，逐渐成为推动我国城市经济增长的重要动力，并与制造业集聚在空间上形成了互动发展的态势。因此，制造业与生产性服务业之间的协同聚集对经济增长的影响，引起了国内外学者的注意。国内关于产业协同集聚对经济增长的影响论断存在分歧，一部分学者认为产业协同聚集对区域经济增长具有明显的促进作用（陈国亮和陈建军，2012；潘文卿和刘庆，2012；陈晓峰和陈昭锋，2014；胡艳和朱文霞，2015）；另一部分学者认为协同集聚对经济增长的影响取决于地理位置、人口规模与经济发展水平等因素（顾乃华等，2013；王志峰等，2017；豆建明和刘叶，2016；董艳梅和朱英明，2016；郭力，2018；刘锐，2019）。

顾乃华等（2013）、王志锋等（2017）的实证研究发现，城市的行政级别不同会导致城市间的产业协同聚集效果呈现明显差异，城市行政等级对城市经济增长具有促进作用，高行政等级的城市更有利于促进当地经济增长，带动经济发展。豆建明和刘叶（2016）研究发现协同聚集对城市经济增长的效果受城市规模的影响，当城市规模处于 23.004 万和 199.996 万时，就会呈现明显的促进作用，当小于 23.004 万或大于 199.996 万时就会出现明显的抑制作用。董艳梅和朱英明（2016）认为我国的高铁建设对东中西部城市的经济发展存在较大的差异性，对东部地区的经济增长具有促进作用，但是对于中西部地区却呈现阻碍作用。陈晓峰（2016）、豆建民和刘叶（2016）研究得出制造业与生产性服务业协同集聚对劳动生产率的促进作用较为显著，但影响效果随着城市规模的增加呈现倒 U 形，当城市规模较大和较小时，协同集聚会对城市经济产生抑制作用，相反，当城市规模居中时，协同集聚会对城市经济发展产生正向促进作用。黄跃和刘琳（2017）认为城市群对经济发展具有促进作用，如区域性城市群对经济增长的作用就高于地区性城市群。郭力（2018）发现城市效率与城市规模之间存在着最优水平，中国城市的最优水平是当城市人口达到750万时；当低于这一水平时，城市效率不足，超过这一最优水平时，城市效率会不断下降。周明生和陈文翔（2018）运用新经济地理学对长株潭城市群2003~2015年面板数据研究发现，当城市人口处于150万~220万时，产业协同集聚对经济增长的效应最大。而针对城市所处区域的不同，得出的产业协同集聚对经济增长的影响结果也有不同。刘锐（2019）通过对我国31个省区市2004~2015年的数据研究发现，产业协同聚集对中部和西部区域有明显的促进作用，而东部区域产业协同聚集效应已经产生负面影响，抑制了经济增长。

2. 产业集聚效应异质性与经济增长的研究综述

在国内外，产业集聚效应主要包括专业化效应、多样化效应和竞争外化效应，也称为MAR外部性、Jacobs外部性、Porter外部性。目前，争论的焦点在于不同集聚效应对经济增长究竟是促进作用还是抑制作用。

国外学者关于三种外部性对经济增长的作用已进行了大量的实证研究。但是，不同学者通过不同区域不同时段的数据得出的结果并不完全一致。最早的实证研究是Glaeser等（1992）利用1956~1987年美国170个城市6个产业的数据，通过构建三个外部性的衡量指标研究产业集聚外部性对经济增长的影响，结果表明Jacobs外部性和Porter外部性有利于经济增长，而MAR外部性对经济增长产生不利影响。Henderson等（1995）利用1970~1987年美国224个地区8个制造产业的数据研究高新技术产业和传统产业对经济增长的影响，结果表明传统产业存在MAR外部性，不存在Jacobs外部性；高新技术产业则同时存在MAR外部性和Jacobs外部性。

国内的实证研究相对较少，同样由于使用的时间和数据范围以及变量的设定等都有较大的不同，实证结果存在较大差异。Cecile（2002）通过中国29个省区市30个产业1988~1994年的面板数据研究外部性对地区经济增长的影响，结果表明Jacobs外部性和Porter外部性有利于产业的增长，而MAR外部性对产业的增长影响是负向的。Ting Gao（2004）利用中国

1985~1993年32个产业的数据，研究发现Porter外部性能够促进地区产业增长，MAR外部性抑制产业增长，Jacobs外部性对经济增长影响不显著。吴三忙和李善同（2011）利用31个省区市169个三位数制造业1999~2009年的数据，研究表明专业化（MAR外部性）对制造业增长的影响为负，而多样化的产业环境（Jacobs外部性）和竞争（Porter外部性）有利于制造业的增长。杨仁发（2013）通过中国269个城市的数据研究产业集聚外部性对工资水平的影响，结果发现Porter外部性对地区工资水平存在显著的抑制效应，MAR外部性和Jacobs外部性均表现为促进效应。张维今和李凯（2016）利用中国285个地级以上城市2004~2013年的面板数据，研究不同规模城市产业集聚外部性对经济增长的影响，发现中小城市倾向于支持MAR外部性，大型城市倾向于支持Jacobs外部性。于斌斌（2017）采用随机前沿方法（SFA）对中国城市制造业生产率进行测算，并运用空间计量技术引入城市之间的地理距离来分析生产性服务业集聚与制造业生产率之间的关系，从外部性发现，生产性服务业集聚的Jacobs外部性和MAR外部性分别对制造业生产率存在显著的正向和负向影响，而生产性服务业集聚的Porter外部性影响则不显著。李雯轩（2017）通过采用中国工业企业数据库数据来分析中国省份范围内外部性对于经济增长的影响，结果表明专业化（MAR外部性）对经济增长的影响都显著为负，多样化（Jacob外部性）和竞争性（Porter外部性）对经济增长的影响均不显著。周韬（2018）通过对长三角地区26个城市的数据研究发现，城市群建设对地区产业集聚与经济增长具有负向Porter外部性效应，MAR外部性和Jacobs外部性为正向效应。

3. 产业集聚空间异质性与经济增长的研究综述

本书结合新古典经济学、新经济地理学、制度经济学理论，根据产业集聚所在城市空间的异质性对经济增长影响的重要性，将产业集聚空间异质性分为人口规模异质性、地理位置异质性、行政等级异质性三个方面。

（1）从人口规模异质性角度来看。现有文献在研究产业集聚对经济增长的影响中，对门槛效应、拥塞效应、外部性等问题经常使用城市人口规模的分类来表示城市的异质性。梁婧等（2015）在研究城市规模与劳动生产效率的关系时，发现两者之间呈现显著的倒 U 形关系。豆建明和刘叶（2016）在研究产业协同集聚对经济增长的关系时发现城市人口规模存在双重门槛效应。于斌斌（2017）在研究中国城市群产业集聚与经济增长的关系时，使用了城市群人口规模异质性的门槛变量。傅十和和洪俊杰（2008）研究不同规模的城市中不同规模的企业得益于何种类型的集聚经济时发现，小型企业 MAR 外部性在中等城市和大城市中发挥作用，Jacobs 外部性在超大和特大城市中起作用；中型企业 MAR 外部性在大城市、特大城市和超大城市中发挥作用，Jacobs 外部性只在特大城市中发挥作用；大型企业即使在特大和超大城市中也很少得益于 Jacobs 外部性。赵伟和隋月红（2015）利用浙江和广东两省 2003～2010 年的制造业面板数据，研究专业化、多样化对劳动生产率和工资之间的影响，结果表明多样性能够促进工资增长；专业化促进工资提升或将牺牲劳动生产率。

（2）从地理区位异质性来看。由于划分标准的差异，得出的结论具有一定的差异。对于中国产业集聚研究来说，大部分研究中使用东中西部的划分方法（陈得文和苗建军，2010；吴三忙和李善同，2011），也有研究在东中西部划分的基础上，进一步细分为东北综合经济区、北部沿海综合经济区、东部沿海综合经济区、南部沿海经济区、黄河中游综合经济区、长江中游综合经济区、大西南综合经济区、大西北综合经济区八大经济区（唐晓华等，2018）。除从城市所在区域划分外，还有学者用沿海和内地来衡量地理异质性，薄广文等（2007）在研究产业集聚外部性与经济增长问题时，就将样本分为了沿海和内地不同规模经济类型进行论证。张虎等（2017）在研究制造业与生产性服务业协同集聚对经济增长的影响时，也采用了沿海与内陆的差异分类。

（3）从行政等级异质性角度来看。中国城市受到的优惠政策的程度与其行政等级密切相关。一个城市的行政等级越高，其可能得到的再分配资源就越多，对人口、资金、技术等生产要素的吸引力就越大，更容易形成产业集聚效应（Henderson et al.，1995）。王志锋等（2017）在从开发区视角入手分析中国城市等级与经济增长时，认为行政等级越高，开发区资源就越多，人均 GDP 增长越快。

三、本章小结

综上所述，现有国内外文献关于产业集聚对经济增长影响的研究主要集中在产业集聚的测度、产业集聚对经济增长的影响，以及产业集聚类型异质性、效应异质性、空间异质性对经济增长影响的差异。但是，还存在以下不足有待进一步深化研究。

一是从研究视角上，现有研究一般只选择产业集聚类型异质性、效应异质性或者空间异质性中的单一视角研究产业集聚对经济增长的影响，但是产业集聚的类型、效应和空间异质性对经济增长是共同影响、共同作用的，所以应该将三个维度作为整体进行分析，而不是剥离出来进行单独分析。

二是从研究内容上，现有文献对制造业与生产性服务业协同集聚的实证研究主要集中在省域层面的数据，省域数据过于笼统和宽泛，应该从更小尺度层面上（如地级市、县级市层面）对产业协同集聚影响经济增长的作用机理进行更为细致的研究。

三是从研究方法上，大多数学者将区域研究对象当作孤立的单元，但是区域之间的资金、人才和知识交流会产生溢出效应，所以应该应用空间计量方法研究产业集聚对经济增长的影响，以减少模型估计误差。

所以本书基于 2004 ~ 2016 年全国 280 个城市的面板数据，通过构建空间计量方法从产业集聚类型异质性、效应异质性和空间异质性三个视角，实证研究了产业集聚对经济增长的影响机制。这是对上述三个不足的补充和深化，故具有非常重要的学术意义。

第三章

产业集聚异质性对经济增长的
影响理论机制

本章主要是分析多重异质性视角下产业集聚对经济增长的理论机制，具体包括产业集聚类型异质性、效应异质性和空间异质性三个方面。在内容安排上，首先从产业互动、空间互动视角分析异质性；其次着重论述三种异质性的内涵；最后分别论述产业集聚类型、效应和空间异质性对经济增长的影响理论机制。

一、产业集聚异质性的视角分析

关于产业集聚对经济增长的影响机制，没有完整和确定性的分析框架，现有的分析框架主要是从产业、空间和制度等不同角度进行分析。常见的分析框架之一是基于以马歇尔为代表的新古典经济学理论分析，这种分析侧重产业层面的研究。分析框架之二是基于以克鲁格曼为代表的新经济地理学理论分析，这种分析侧重空间层面的研究。在实证研究中，已经有学者看到角度割裂的研究对问题的局限性，开始将两者结合（陈国亮和陈建军，2012）。本节立足异质性特征，从产业互动与空间互动视角进行分析。

（一）产业互动视角

关于产业集聚与经济增长的研究，现有文献更多基于 MAR 外部性理论分析框架，大部分基于产业互动层面的研究。以 Marshall（1920）为代表的古典经济学认为产业集聚通过熟练的劳动力市场、与本地大市场相联系的前后向关联、专业技术和知识的溢出三个方面影响经济增长。这里面既体现了产业内部的互动，也可发展成不同产业间的互动，因此，本节把产业互动分为产业内部互动与产业外部互动。

1. 产业内部互动

产业内部互动是指单一产业内部或者多个产业内部劳动力、资本等资源要素的投入产出以及知识技术的溢出。从互动主体来看，产业内部互动的主要区别是产业集聚类型的差异，包括单一产业集聚和多个产业协同集聚。单一产业集聚类型是指制造业集聚和生产性服务业集聚。多个产业协同集聚是指制造业与生产性服务业协同集聚。从互动内容上看，有学者从投入产出、知识和技术溢出两个方面来分析（陈国亮和陈建军，2012）。投入产出关系是分析产业内部互动的重要手段，产业集聚能够带来集聚效应，对于单个企业来讲需要考虑企业内部投入产出的关系，要有利润空间的追求。不同产业之间的投入产出效率则是协同集聚需要考虑的重要问题。知识和技术外溢是经济增长的长期动力，表现为不同集聚类型内不同企业之间的思想流动和碰撞，从而不断激发工艺、产品、设备等领域的技术创新，提高企业的技术创新能力和产业的技术发展水平。

（1）单一产业集聚互动。单一产业集聚因为地理上同类型厂商空间上的集中，"传帮带"以及"干中学"带来的熟练劳动力，可以发挥劳动力的蓄水池效应，促进劳动生产率的提高，对集聚区域内部的企业来说会有更高的效率，提升当地经济的发展水平。同时，对于同产业内部的知识外溢，国内外已有文献中较多学者证明产业集聚的知识技术外溢对经济增长具有促进作用（Ellison et al.，2010；韩峰和柯善咨，2012；张虎等，2017）。

（2）多个产业协同集聚互动。多个产业协同集聚的发展主要是指产业上下游关联企业、关联产业集聚在同一市场范围内，企业之间的信息比较通畅，可以节约企业之间的运输成本、原材料成本以及包含搜寻成本、信息成本、议价成本等在内的交易成本，从而减少企业生产成本，提高企业市场竞争力，实现产业集聚的规模经济。同时，产业间的知识外溢作用是基于协同合作基础上产生的，如制造业与生产性服务业的知识外溢。生产性服务业是从隶属制造业某个部门或环节发展来的，原本存在的技术关联是两者协同创新的基础，从微观层面上看，正是通过制造环节和研发环节之间的有效交流和沟通，才加快了知识的溢出（见图 3–1）。

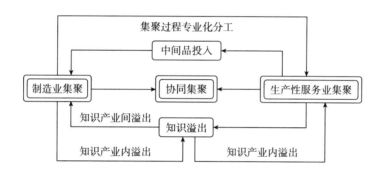

图 3–1 产业内部互动视角分析

2. 产业外部互动

产业集聚对经济增长的作用主要是通过集聚外部性效应产生的。古典经济学认为经济活动的空间集聚能够促进经济增长。Hoover（1936）将经济增长归纳为两种类型的产业集聚效应，即专业化效应和多样化效应。专业化效应是指同一产业内的企业因地理集中而产生的经济增长效应，这一效应也被称为 MAR 外部性。多样化效应是指具有相关联的不同行业的企业在同一空间的集中而产生的经济增长效应，这一效应也被称为 Jacobs 外部性。由于 MAR 外部性与 Jacobs 外部性的差异不仅体现在专业化与多样化上，还体现在究竟是垄断还是竞争会促进经济增长上。因此，Porter

（1990）提出了竞争化效应，认为市场竞争更有利于产业集聚发挥作用，这一效应也被称为 Porter 外部性（见图 3 - 2）。

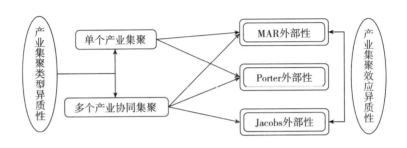

图 3 - 2　产业外部互动视角分析

（1）MAR 外部性。由 Marshall（1920）、Arrow（1962）、Romer（1990）提出，被 Glaeser 等（1992）称为 MAR 外部性，该理论的核心观点可以概括为：一是在同一产业内部发生的，通过产业内的知识和技术溢出促进产业集聚发展；二是促进同一产业的企业集聚，可以形成规模经济效应，促进产业发展；三是专业化的体现，能够加快垄断的形成，垄断的形成更有利于知识和技术的溢出。MAR 外部性通过专业化集聚带来的规模经济、技术溢出效应与经济增长产生互动。

（2）Jacobs 外部性。由 Jacobs（1969）提出，该理论的核心观点可以概括为：一是发生在不同产业之间，通过地区产业多样化的互补性知识和技术更能发挥其溢出和扩散效应；二是强调关联性产业的集聚，集聚内的企业因为分工协作，具有投入产出的前后项关联，有利于产业的协同发展；三是侧重多样化，竞争的市场环境比垄断的市场环境更有利于技术创新。Jacobs 外部性带动了产业与产业的互动，也带动了产业集聚与地方经济发展的互动。

（3）Porter 外部性。由 Porter（1990）在竞争优势框架下提出，该理论的核心观点可以概括为：一是与 MAR 外部性一样，产业专业化更有利于技术创新。二是与 Jacobs 外部性一样，强调自由竞争的市场环境，更有利于技术创新和经济增长;三是竞争性分工能够促进产业内或产业间资源要素的自由流动,可以促进思想的碰撞和知识的融合,从而加速知识和技术的竞争性外溢。Porter外部性通过竞争分工与效应,促进企业创新动力、产业技术水平以及整个城市的经济发展环境相互促进、相互影响。

(二) 空间互动视角

随着空间经济学的发展和应用,产业集聚与经济增长的研究从产业互动层面开始向空间互动层面延伸。空间互动是指各城市产业集聚基于不同的比较优势,通过生产要素流动和产业转移实现产业在空间区域内的布局(陈国亮和陈建军,2012)。正是因为产业集聚空间互动关系的存在,从各城市产业集聚空间异质性视角研究产业集聚对经济增长的影响就成为了必要。产业集聚的空间异质性由于人口规模的差异、地理区位的差异、行政等级的差异以及经济基础、人文环境等方面的差异,影响产业集聚对经济增长的作用。伴随产业集聚的空间异质性会出现产业空间转移和要素空间流动,同时这也是区域协调发展的重要基础。

1. 产业空间转移

中心—外围理论认为中心区域发展条件比较优越、经济效益较高,外围区域发展条件较差、经济效益较低,前者属于主导地位,后者属于配套地位,经济发展过程中必然伴随中心城市向外围城市的转移。基于此理论的基础,Krugman(1991)构建了一个基于中心—外围理论的一般均衡模型,用来揭示产业集聚的空间互动机理。他把中心区域定义为公共基础设施较好、本地劳动力素质较高的经济发达区域,主要从事制造业生产,而把外围定义为公共基础设施较差、劳动力素质较低、主要从事农业生产的区域。随着中心区域制造业集聚的发展到一定规模后,随着交易成本的下降和交通运输设施的改进,产业转移和劳动力的流动就会发生,形成新的空间格局,在这期间是由向心力和离心力来决定。

从空间互动角度来说,当中心城市,如东部沿海城市或高行政等级城市,由于偶然的初始条件优势,大量的制造业在城市内部集聚,但是当制造业集聚发展到一定阶段，受到土地、劳动力以及制度层面的约束限制，制造业开始向外围城市转移，而这些中心城市会进行产业优化以及发展生产性服务业，为外围城市服务。当外围城市随着承接产业转移，不断集聚发展后会形成次中心城市，然后同样因为各种条件的限制继续向更外围的城市转移，以此梯度转移和发展（见图3-3）。

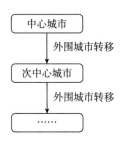

图3-3　产业空间转移分析

2. 要素空间流动

经济发展过程中的空间区域内并不是同时产生和均匀扩散的，会产生两种效应：一是回流效应，主要是指各生产要素从不发达区域向发达区域流动，造成区域经济差异进一步扩大；二是扩散效应，主要是指生产要素从发达地区向不发达地区流动，造成区域差异逐步缩小（林细细等，2018）。

在产业集聚发展形成的初期，一般是从一些条件较好的地区开始，这些地区由于某些初始优势（自然禀赋或者偶然的历史机遇）吸引企业集聚，超过其他区域，这个过程会产生回流效应。随着初始集聚的区域，通过产业集聚的累积因果过程，不断积累有利因素继续超越其他区域发展，进一步加剧了区域间的不平衡。当产业集聚发展到一定阶段，由于水平较高的地区受到土地等基本生产要素资源、竞争激烈程度、政策制度等局限，会对周边城市产生扩散效应，各种生产要素从发达城市向不发达城市流动（见图3-4）。

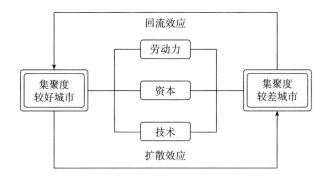

图 3－4 生产要素转移分析

二、产业集聚异质性的内涵分析

本书研究产业集聚对经济增长的影响，研究对象是中国 280 个城市，由于各个城市在地理区位、自然禀赋、产业结构、经济基础、制度环境等方面的差异，产业集聚对区域经济增长的影响机制和作用效果均存在较大差异。因此，将产业集聚对经济增长影响研究的切入点放在异质性上。根据上一节的内容，从产业互动视角来看，应该关注产业集聚类型的异质性和产业集聚效应的异质性；从空间的互动视角来看，应该关注产业集聚空间异质性。但是，具体这些异质性的内涵是什么，上一节并未分析清楚。因此，本节主要是从异质性的具体内涵出发，分析不同异质性之间的关系。

异质性这一概念最早是由 Wachter 和 Freedman（2000）提出并进行量化的，他们认为区域异质性是指对于任意一个特定变量，区域内每一小块区域的值都与整个区域的均值有所不同，这种与均值产生的偏差现象就是异质性。城市空间第一层异质性特征是城市的基本地理位置、自然区位条件、资源禀赋条件等先天性因素；第二层异质性特征是由经济发展过程中带来的产业集聚类型、产业发展基础、技术创新水平等差异。在区分异质性因素中，从最初的地理位置、人口数量等转向行政等级、城市群等制度因素，范围逐渐扩大。因此，部分学者开始关注产业集聚的空间异质性要素，研究其对产业集聚、经济发展、生产效率等的影响。从异质性的概念来看，各城市产业集聚对经济增长影响的异质性包含了三类：代表产业发展特征的产业集聚类型异质性，代表集聚地区差异的产业集聚空间异质性，以及产业集聚带来的效应异质性。

（一）产业集聚异质性的界定

本书的产业集聚异质性范围主要是指产业集聚类型异质性、产业集聚效应异质性和产业集聚空间异质性。其中产业集聚类型异质性是指制造业集聚、生产性服务业集聚、制造业与生产性服务业协同集聚；产业集聚效应异质性是指专业化效应（也称 MAR 外部性）、多样化效应（也称 Jacobs 外部性）、竞争化效应（也称 Porter 外部性）[①]；产业集聚空间异质性是指人口规模异质性、地理区位异质性、行政等级异质性。

（二）产业集聚类型异质性

产业集聚有单一产业集聚和多个产业集聚两种不同的类型（赵伟和隋月红，2015），这两种不同的类型对经济增长的影响是不同的。本书的产业集聚类型异质性正是从这两种类型入手进一步细分为制造业集聚为主导、生产性服务业集聚为主导、制造业与生产性服务业协同集聚为主导的三种产业集聚类型。

根据本书对产业集聚指数的测算，目前城市中以制造业集聚或生产性服务业单个集聚为主的城市还是比较多的，而制造业与生产性服务业协同

---

① 本书研究的产业集聚效应异质性包括专业化效应、多样化效应和竞争化效应，也称为 MAR 外部性、Jacobs 外部性、Porter 外部性。为了实证指标的构建以及论述的统一，后文均称之为 MAR 外部性、Jacobs 外部性、Porter 外部性。

集聚水平较好的城市相对较少。如表 3 - 1 所示，2016 年以制造业产业集聚为主的城市有东莞市、中山市、佛山市和苏州市等，这部分城市的制造业集聚指数非常高，在 2.0 以上，但是生产性服务业集聚指数都在 0.5 以下；以生产性服务业集聚为主的城市有北京市、昆明市、呼和浩特市和丽水市等，这部分城市制造业集聚指数在 0.5 以下，但是生产性服务业集聚指数都在 1.2 以上；制造业与生产性服务业协同集聚质量较好的城市有深圳市、大连市、成都市和天津市等，这类城市制造业集聚指数与生产性服务业集聚指数都较高，两者协同集聚的处于全国领先位置。不同产业集聚类型的城市，产业集聚对经济增长的影响存在差异。

表 3 - 1　2016 年产业集聚类型异质性特征下的城市产业集聚指数

城市名称	制造业集聚	生产性服务业集聚	制造业与生产性服务业协同集聚	产业类型异质性特征
东莞	2.74	0.38	3.36	以制造业集聚为主
中山	2.43	0.41	3.13	以制造业集聚为主
佛山	2.41	0.47	3.21	以制造业集聚为主
苏州	2.39	0.55	3.32	以制造业集聚为主
北京	0.38	2.72	3.34	以生产性服务业集聚为主
呼和浩特	0.43	1.48	2.37	以生产性服务业集聚为主
昆明	0.46	1.34	2.31	以生产性服务业集聚为主
丽水	0.51	1.24	2.34	以生产性服务业集聚为主
深圳	1.77	1.32	3.94	以协同集聚为主
大连	1.28	1.50	3.70	以协同集聚为主
成都	1.30	1.44	3.68	以协同集聚为主
天津	1.20	1.29	3.45	以协同集聚为主

（三）产业集聚效应异质性

以 Marshall（1920）、Hoover（1936）为代表的古典经济学家认为产业集聚能够促进经济增长，而促进经济增长的源泉主要是两种产业集聚带来的效应：专业化效应和多样化效应（陈阳，2018）。Porter（1990）在这两种产业集聚效应的基础上，围绕竞争还是垄断更能促进创新提出了产业集聚的竞争化效应。

由于集聚外部性的存在，相同产业集聚所带来的专业化可能通过知识技术溢出、规模经济等效应，为厂商带来 MAR 外部性；上下游产业协同聚聚所带来的多样化则可能通过分工协作、协同创新等效应，为厂商带来 Jacobs 外部性。不管在同一产业集聚，还是协同集聚过程中，由于产业内部竞争和产业之间的竞争，都会通过竞争合作、技术创新等效应，为厂商带来 Porter 外部性。为什么有些城市产业集聚程度高但是对经济增长影响的效果却较差，是由哪个外部性在起主导作用导致了这个效果？这些都是产业集聚效应异质性视角分析的原因。

1. MAR 外部性

MAR 外部性，也称为专业化效应。由 Glaeser 等（1992）在 Marshall（1920）关于产业集聚外部性影响的基础上归纳总结梳理，认为产业的集聚通过产业内竞争、模仿及资源的快速变动加速了知识外溢，将促进经济增长。

2. Jacobs 外部性

Jacobs 外部性，也称为多样化效应，Jacobs（1969）认为不同产业集聚比单一产业集聚更能促进创新和经济增长，一个城市产业集聚多样化程度越高，越有利于知识的传播，从而促进经济增长。

3. Porter 外部性

Porter 外部性，也称为竞争化效应，Porter（1990）认为市场竞争比市场垄断更有利于产业创新，且同一产业的空间集聚比不同产业间的空间集聚更有利于知识和技术溢出效应发挥。地区同一产业竞争更容易促进厂商将产业创新技术更快地运用和实施到实际生产中，这样将更能促进地区产业增长，提高地区劳动生产率。

（四）产业集聚空间异质性

产业集聚指产业在某一特定空间集中的过程，因此，空间本身的特征决定了产业集聚效应的发挥以及对经济增长的作用。衡量空间异质性的指标很多，本书根据新古典经济学、新经济地理学、制度经济学关于产业集聚的理论选择衡量指标。古典经济学中的区位理论强调地理区位对产业集聚的形成、发展的重要性；新经济地理学认为市场潜力对产业集聚影响经济增长起到重要的作用；制度经济学认为制度因素影响产业集聚对经济增长的作用。因此，本书将产业集聚空间异质性表征指标选取为人口规模、地理区位和行政等级。

1. 人口规模异质性

从人口规模异质性角度来看，在产业集聚对经济增长影响的现有文献中，为研究门槛效应、拥塞效应、外部性等问题，经常使用城市人口规模的分类来表示城市的异质性。豆建明和刘叶（2016）在研究产业协同集聚对经济增长的关系时发现城市人口规模存在双重门槛效应。于斌斌（2017）在研究中国城市群产业集聚与经济增长的关系时使用了城市群人口规模异质性的门槛变量。

2. 地理区位异质性

从地理区位异质性来看，由于划分标准的差异，得出的结论具有一定的差异。对于中国产业集聚，大部分研究使用东、中、西部的划分方法（陈得文和苗建军，2010；吴三忙和李善同，2011），也有进一步细分为东北综合经济区、北部沿海综合经济区、东部沿海综合经济区、南部沿海经济区、黄河中游综合经济区、长江中游综合经济区、大西南综合经济区、大西北综合经济区八大经济区（唐晓华等，2018）的研究。除从城市所在区域进行划分外，还有学者从沿海和内地来衡量城市地理区位异质性，薄广文（2007）在研究产业集聚外部性与经济增长问题时就将样本分为了沿海和内地不同规模经济类型进行论证。张虎等（2017）在研究制造业与生产性服务业协同集聚对经济增长的影响时，也采用了沿海与内陆的差异分类。

3. 行政等级异质性

从行政等级异质性角度来看，中国城市受到优惠政策的程度与其行政等级是密切相关的。一个城市的行政等级越高,其可能得到的再分配资源就越多,对人口、资金、技术等生产要素的吸引力就越大,更容易形成产业集聚效应(王志锋等,2017)。本书行政等级异质性主要是根据《中国城市统计年鉴》按照行政等级分类中的直辖市、副省级城市以及其他的省会城市归类为高行政等级城市①,其余的地级市则归为低行政等级城市。因此,城市行政等级异质性分为高行政等级和低行政等级两类。

(五)产业集聚异质性的互动关系

本书的三个异质性的研究是相互关联、互为支撑的关系。产业集聚类型异质性是产业集聚对经济增长影响的核心基础,产业集聚效应异质性是产业集聚对经济增长影响的外部途径,产业集聚空间异质性是产业集聚对经济增长影响的空间载体。不同的产业集聚类型异质性对经济增长的影响不同,表现出的集聚效应影响也不同,不同的城市空间,产业集聚对经济增长的影响不同。

1. 产业集聚类型异质性与产业集聚效应异质性的关系

产业集聚类型异质性影响产业集聚效应的发挥。产业集聚类型根据集聚内产业的特性分为单一产业集聚和多个产业协同集聚,单一产业集聚表现出更多的专业化效应,能够为集群内部企业带来规模经济、知识技术的溢出以及熟练的劳动力;多个产业协同集聚由于相互关联的多种产业协同发展,更能发挥出产业集聚的多样化效应。单一产业的集聚容易形成垄断,多个产业的协同集聚容易形成市场竞争,从而影响产业集聚的竞争化效应。

2. 产业集聚类型异质性与产业集聚空间异质性的关系

产业集聚类型异质性对经济增长的作用受到产业集聚空间异质性的影

---

① 高行政等级城市:直辖市 4 个包括北京、天津、上海、重庆;副省级城市 15 个包括沈阳、大连、长春、哈尔滨、南京、杭州、宁波、厦门、济南、青岛、武汉、广州、深圳、成都、西安;其他省会城市 13 个包括石家庄、太原、呼和浩特、合肥、福州、南昌、郑州、长沙、南宁、贵阳、昆明、兰州、银川。合计 32 个。

响。产业集聚空间的差异对不同类型的产业集聚影响不一样。沿海城市的区位优势对制造业集聚的影响比生产性服务业要大，行政等级高的城市对生产性服务业集聚的影响比制造业要大，特大型的城市协同集聚对经济增长的作用可能为负，而大型城市协同集聚对经济增长的作用可能为正。因此，各个城市产业集聚的空间特征，对不同类型产业集聚的形成、集聚效应的发挥以及对经济增长的作用都会产生影响。

3. 产业集聚效应异质性与产业集聚空间异质性的关系

产业集聚效应异质性对经济增长的作用受到产业集聚空间异质性的影响。产业集聚空间表征变量地理位置、人口规模、行政等级的差异，决定了产业集聚效应的具体表现。地理位置优越、人口规模较大、行政等级高的城市更有利于产业集聚专业化效应的发挥，产业多样化效应则可能更倾向于地理位置优越、人口规模大的城市，竞争化效应在行政等级高的城市、人口规模大的城市更容易发挥作用。因此，不同产业集聚的空间异质性会影响产业集聚效应的发挥。

产业集聚类型异质性、产业集聚效应异质性和产业集聚空间异质性三者的关系可以用图 3－5 来表示。

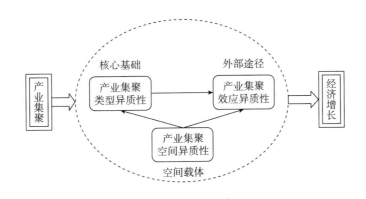

图 3－5 异质性之间的互动关系

三、产业集聚类型异质性对经济增长的影响理论机制

关于产业集聚对经济增长的影响，Marshall 认为产业空间集聚通过熟练的劳动力市场、与本地大市场相联系的前后向关联、专业技术和知识的溢出三个方面影响经济增长（韩峰和柯善咨，2012；陈国亮和陈建军，2012）。新经济地理学的代表人物 Krugman、Fujita 以规模报酬递增、不完全竞争的市场结构为假设前提，认为收益递增、运输成本下降和差异化需求促成了产业集聚，厂商聚集在一起可以实现规模经济，进而促进经济增长。中国处于经济转轨时期，经济资源的自由流动与有效配置存在来自制度层面的种种约束与限制，制度环境有可能通过经济地理因素起间接作用，也有可能直接通过要素对产业的区域集聚产生作用。

当产业不断集聚，会进一步扩大自身的优势，形成资源要素的供给优势，加快知识和技术的溢出，延伸和拓展上下游关联产业，增强地区的产业规模和市场潜力，同时由于循环累积效应，使得产业集聚自我强化。不同的城市由于产业集聚过程中的基础条件和集聚发展引导政策的区别，形成具有地方特色的产业集聚类型。有些地方因为专业化程度高，形成了以制造业集聚为主或者生产性服务业集聚为主的产业集聚类型，有些城市则因为产业基础和协调发展的思路形成了制造业和生产性服务业协同集聚的产业集聚类型。

因此，本节结合产业集聚的相关理论，从地方发展形成的产业集聚类型差异入手，分析产业集聚对经济增长的影响机制。侧重从规模经济效率、资源配置效率、技术创新效率方面进行分析。

一是规模经济效率。产业集聚从产业差异来看主要分为专业化的产业

集聚和多样化的产业集聚。两者的前提是大量企业在同一个区域空间集聚，这些企业有可能是同一类型，也有可能是具有产业前后向关联的不同类型。企业的大量集聚能够实现基础设施、城市服务配套、劳动力、交通条件等各方面的共享，产生规模报酬递增，带来规模经济效率。

二是资源配置效率。不同地区在产业集聚发展过程中的互动与融合、虹吸与扩散，直接的表现就是各类生产要素资源在不同产业、不同区域之间的转移，如劳动力、资本、技术支撑等。这些生产要素资源的流动有受到对利益吸引的自愿转移，也有受到制度约束带来的强制转移。自愿选择的产业空间转移必须做到转移后能够有更好的营运环境、更低的运行成本、更高的劳动力报酬、更高的资本报酬，产业集聚能够有效降低产业资源错配的程度（余壮雄和米银霞，2018）。因此，产业空间转移和重新集聚的过程就是一个资源配置效率提升的过程。强制转移对资源配置效率的影响效果则难以确定。

三是技术创新效率。产业集聚的技术创新效率主要通过知识和技术的溢出来实现。产业集聚的 MAR 外部性、Jacobs 外部性和 Porter 外部性都体现了知识和技术溢出效率，分歧在于知识和技术溢出主要是同产业内的溢出还是不同产业间的溢出更具效率而已。技术创新效率是产业集聚能够推动经济长期增长最为重要的机制。

（一）单个产业集聚对经济增长的影响理论机制

单个产业集聚通过三种途径促进经济增长。其一，围绕某一产业空间集聚在一起，构成了产业链上下游的前后向关联，引起生产成本和交易成本的降低，提高企业效率，发挥规模经济效应，促进经济增长。其二，由于大量企业或厂商在某一区域集聚，带来了专业化分工的熟练劳动力，形成了"蓄水池效应"，大大提高劳动生产率，提升资源配置效率，从而促进经济增长。其三，产业集聚最重要的是产生了知识技术的溢出效应，推动技术进步，发挥技术创新效率，促进经济长期增长。

1. 产业专业化集聚可以扩大规模经济

根据新经济地理学的观点，当同一产业内企业数量在集聚增加时，固定生产成本将显著下降，即规模报酬递增；反过来，由于规模报酬递增的存在，当企业生产大量产品（或服务）时，平均成本相对较低，增加该企业在市场中的竞争优势和产品需求，进而有利于企业生产规模的进一步扩大（杨洪焦等，2008）。同时，部分生产规模较大的企业通过前期的创新投入，具有技术、产品优势，逐步发展壮大成为龙头企业或者核心企业。当企业生产规模扩大和竞争实力提升，则会引致地区整体产业规模的壮大，产业区域品牌和市场竞争力得到进一步发展，进而产生区域空间范围内的规模经济。

当然，由于大量企业集聚在某一区域，能够受益于更大市场潜力带来的生活成本的降低，生产成本、交易成本和运输成本的降低，可以产生规模经济，促进经济增长。但是，当产业在同一地区集聚到一定程度，由于土地等基本生产要素的限制，随着带来的各种投入生产要素成本的上升，产业集聚带来了规模不经济，导致部分企业向集聚度较低的外围区域转移，短期内会造成经济增长的放缓。

2. 集聚内部劳动力转移可以提高资源配置效率

在产业专业化集聚的过程中，Marshall 认为产业集聚能够带来熟练的劳动力，即劳动力的"蓄水池"效应，劳动力通过正式或非正式的接触获得了经验和技术，从而对同产业内部企业生产效率的提高和产业集聚资源配置效率的提升具有重要作用。

当然，劳动力的转移也涉及不同的分类，如果把劳动力分成低技能型劳动力（Unskilled Labor）和高技能型劳动力（Skilled Labor），这两种类型的劳动力转移对市场结构、工资差异、经济增长都具有不同的影响。高技能型劳动力的转移对资源配置效率的提升效果大于低技能型劳动力。因此，对于劳动力转移带来资源配置效率的提升不一定成立，如果仅仅是低技能劳动力的转移，效果可能并不佳。

3. 产业专业化集聚可以加强相近知识和技术溢出

单一产业集聚的专业化集聚程度更高，根据 MAR 外部性的理论，产业专业化的集聚是在相同产业或者关联度相近的产业之间，集聚内部的知识和技术溢出更容易被接受和应用推广，能够产生更大的创新效益或者说创新激励。同时伴随熟练劳动力的自由流动，对技术创新更具推动力，人员的流动可以加快不同企业在创新方面的提升。因此，在产业专业化集聚效应的推动下，单一产业集聚能够形成高效的学习机制和创新机制，加快知识和技术的溢出，从而促进产业增长。

（二）产业协同集聚对经济增长的影响理论机制

现有研究文献中对协同集聚（也称为共同集聚）的研究主要是指制造业与生产性服务业协同集聚，研究的重点在两者的互动关系上。从互动关系的视角可以分为需求遵从论和供给主导论、产业互动论和产业融合论（顾乃华等，2006，韩峰和柯善咨，2012）。

需求遵从论认为制造业是生产性服务业发展的前提和基础，制造业在发展过程中随着专业分工的深化以及成本控制的角度，会因为规模的扩张引致生产性服务业的发展，生产性服务业属于制造业的中间投入环节（江小娟和李辉，2004）。供给主导型则认为生产性服务业对制造业具有重要的影响，生产性服务业可以提升制造业生产效率和竞争力，生产性服务业起主导作用。

但是，从产业空间集聚的演变发展来讲，制造业与生产性服务业并非简单的需求和供给的关系，两者的发展过程离不开彼此的相互协调作用，而更多的是相互作用、相互依赖和共同发展的动态协同关系（唐晓华等，2018）。随着制造业部门的扩大，对生产性服务业的需求会迅速增加，这将提高制造业部门的生产效率；反之，生产性服务业部门的增长也要依靠制造业部门中间投入的增加。而且随着经济发展，制造业与生产服务业之间彼此依赖的程度加深（顾乃华等，2006）。近年来由于信息通信技术的发展和应用，智能制造、两化融合的趋势越来越明显，这对制造业与生产性服务业的关系造成了新的冲击，两个产业的边界越来越模糊，出现了制造业服务业和服务业制造化。就现阶段来说，制造业与生产性服务业互动发展比较符合现实，两者融合发展可能是未来的发展趋势。

本书讨论的产业协调集聚既有协调质量的体现，也有协调深度的体现。如此，一个城市制造业和生产性服务业集聚基础较好，两者的协调质量和协调水平较高，那么将会具有更高的生产效率和占据价值链更高位置的能力，从而促进经济的增长。

1. 产业多样化集聚可以扩大规模经济效应

随着集聚程度的提高和规模的扩大，在分工协作过程中，生产性服务业慢慢从制造业中剥离，逐渐发展壮大，形成制造业与生产性服务业协同集聚的现象，从而由产业专业化集聚向产业多样化集聚转变。由于两者在发展过程中的互相促进和互相依赖，地区整体产业的生产效率得到提升，经济发展规模扩大，对周边地区产生虹吸效应，充分发挥产业集聚的规模经济效应。

2. 不同产业之间的劳动力转移可以提升资源配置效率

在产业多样化集聚的过程中，劳动力在不同行业之间的转移能够带来其他随之而来的生产要素的流动。一方面，由于劳动力具有互补性的知识和技术，对劳动力的创新和多样化技能的掌握均具有积极作用；另一方面，促进不同产业的协同发展，提升整个城市的资源配置效率。

3. 产业协同集聚可以促进互补知识和技术的融合和发展

产业协同集聚由于产业的多样化，可以促使不同产业间具有互补性质的知识和技术，通过流通和扩散形成协同创新联合体，产生更大更好的创新成效。同时，如果市场环境是相对自由竞争的环境，而不是垄断市场，则可以减少知识和技术在传播和扩散过程中碰到的壁垒，能更好地促进互补知识和技术的融合发展，形成技术创新的长效机制。产业集聚类型异质性对经济增长的影响机制分析如图 3-6 所示。

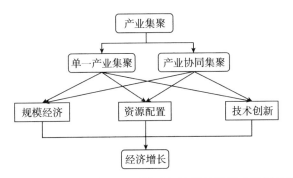

图 3 - 6 产业集聚类型异质性对经济增长的影响机制分析

四、产业集聚效应异质性对经济增长的影响理论机制

产业集聚效应异质性是在产业集聚类型的基础上进一步深入研究，在考察产业集聚类型异质性对经济增长的影响分析时，要进一步思考不同的产业集聚类型对经济增长的影响主要是由哪种集聚效应在发挥作用，不同效应作用的影响方向和程度又存在怎样的区别。

（一）MAR 外部性对经济增长的影响理论机制

该理论的核心观点可以概括为：一是在同一产业内部发生的，通过产业内的知识和技术溢出促进产业集聚发展；二是促进同一产业的企业集聚，可以形成规模经济效应，促进产业发展；三是专业化的体现，能够加快垄断的形成，垄断的形成更有利于知识和技术的溢出。因此，可以初步得出 MAR 外部性对经济增长的作用途径如下。

1. 促进企业规模扩张，更容易形成规模经济

由于同类型企业的集中和发展壮大，必定伴随单一龙头企业的壮大或

者多个寡头企业的扩张，并且随着城市产业集聚的品牌效应和区域效应，会吸引更多同类型以及上下游配套企业的进入，进而形成规模经济，推动经济发展。

2. 推动资源要素同产业内流动，能够提高资源配置效率

由于同一产业内的大量企业聚集，能够带来大量熟练的劳动力，可以提高企业的劳动生产效率，同时由于劳动力的自由流动更方便知识和技术的扩散与溢出，从而促进产业内部技术创新，提高资源配置效率，推动经济增长。

3. 强化同类知识和技术的溢出，可以提高技术创新效率

随着产业集聚专业化程度的提高以及专业性分工的细化，在这个过程中发展壮大的龙头企业会成为整个行业产品研发设计、生产工艺技术、产品销售渠道等方面的标杆，为了维持行业垄断地位，龙头企业在技术创新方面的投入会更大，从而获得更多垄断利润，产业内其他企业也会因为知识和技术的溢出获益，形成较为长效的技术创新效应，推动经济长期增长。

但是，也需要考虑的是，劳动力的蓄水池效应、规模经济效应、技术创新效应会收到诸多因素的影响和限制。当同类型的企业集聚过多，对劳动力的需求急剧增长，当本地区无法满足产业发展需要的人力资源市场时，会造成劳动力成本的上升以及工资水平的攀升，从而影响企业的成本投入，造成企业利润的下降，产生对外转移的趋势，造成地方经济的放缓。例如，纺织服装产业从东部沿海城市到中部城市、西部城市，再到东南亚国家的转移。同时也由于企业大量的集中，造成产量的快速增长，在一定的市场范围半径容易造成产能过剩，并且由于同地区企业信息的传播较快，各自的销售市场及客户容易泄露，如此，不仅不能产生规模经济，有可能还会产生规模不经济。当专业化集中程度较高时，由于大企业的技术创新容易被同地区其他企业模仿和抄袭，并不能得到预期创新带来的收益，反而因为前期投入较大，产品定价过高，在市场竞争中失去价格优势及持续创新动力，也会放缓对经济增长的促进作用，并且可能出现抑制作

用（吴三忙和李善同，2011）。

（二）Jacobs 外部性对经济增长的影响理论机制

该理论的核心观点可以概括为：一是发生在不同产业之间的，通过地区产业多样化的互补性知识和技术更能发挥其溢出和扩散效应。二是强调相关联性产业的集聚，集聚内的企业因为分工协作，具有投入产出的前后向关联，有利于产业的协同发展。三是侧重多样化，认为竞争的市场环境比垄断的市场环境更有利于技术创新。

1. 完善分工协作机制，促进规模经济效率

产业集聚多样化主要是有关联的产业部门集聚在一起，能够进行互补性或者相互配套的分工协作体系，集聚内的企业因为分工协作，具有投入产出的前后向关联，有利于产业的协同发展，壮大城市总体产业规模，实现规模经济。一方面，因为分工协作前后向关联关系，带来原材料、物流运输、交易等成本的下降；另一方面，因为聚集在同一地区，在技术沟通与交流、生产分工安排等方面的便捷通畅，可以提升生产效率。

2. 推动资源跨产业流通，提高资源配置效率

Jacobs 外部性能够使得同一地区的不同产业共享所有的资源，提高基础设施、公共服务平台、人才等其他资源的利用效率，并在经营过程中提高物质资源、信息资源、人力资源等各种资源优化配置的机会，提高资源利用率，推动不同产业的协同发展，从而促进地方经济增长。

3. 可以推动协同创新，提高技术创新效率

产业多样化的外部性可以比专业化的外部性带来更多跨专业的碰撞与融合，加强不同行业间的交流，促进知识和技术的交叉，进而推动技术创新与扩散，实现技术协同创新，推进经济增长。在德国"工业 4.0"与"中国制造 2025"背后的强大支撑就是信息技术的发展与广泛应用，将信息化、智能化融入生产制造领域，即便是传统产业也可以有实现更新换代和焕发生机的空间。

但同时，在产业多样化的外部性效应中，要考虑中国众多城市的实

际情况，中国的产业多样化集聚过程中，产业的前后向关联不紧密，分工协作的配合程度不强，很多地区的开发区作为工业发展的集聚地，即使有不同的制造业集聚、不同的生产性服务业配套，但是能为开发区内部企业服务的比例偏低。如此，资源配置效应、分工合作效应不能发挥，甚至有可能抑制地方经济的发展。另外，不同产业之间知识和技术的协同创新可能会因为基础技术人才的缺乏，以及产学研体系的不完善，并不能产生预期的协同创新效应，有可能导致创新投入的失败，抑制经济的发展。

（三）Porter 外部性对经济增长的影响理论机制

该理论的核心观点可以概括为：一是与 MAR 外部性一样，认为产业专业化更有利于技术创新；二是与 Jacobs 外部性一样，强调自由竞争的市场环境，更有利于技术创新和经济增长；三是认为竞争性分工能够促进产业内或产业间资源要素的自由流动，可以促进思想的碰撞和知识的融合，从而加速知识和技术的竞争性外溢。对于 Porter 外部性对经济增长的影响，现有文献的差异较大，其对经济增长的作用机制主要体现在以下几个方面。

1. 鼓励企业追逐利润空间，从而实现规模经济

企业在 Porter 外部性环境下，为了自身生存或者追求更大的利润空间，一方面会不断降低各类生产成本，在市场作用下寻求最优的合作伙伴，另一方面由于竞争化的市场环境，企业的核心竞争力能够得到保障，更有动力加大对新产品的开发、新市场的开拓，从而实现规模经济，促进经济增长。

2. 促进生产要素自由流通，提高资源配置效率

Porter 外部性主要体现在竞争环境发挥的经济效应，规范化的市场竞争环境能保证资源要素的自由流通，降低流通成本，减少流通障碍，实现资源的优化配置。

3. 激发企业技术创新动力，从而提高技术创新效率

Porter 外部性认为竞争化的分工协作模式能加快产业产品和技术的更

新迭代。同一地区同一产业内部众多企业的竞争环境有利于技术创新和技术进步，且这些创新能最快用到实际生产中，从而促进该地区的产业增长（吴三忙和李善同，2011）。集聚内的企业在竞争化市场环境下，为了自身生存或者追求更大的利润空间，不断加大对知识和技术创新的投入，完善长效的技术创新机制，从而提升产业整体的技术创新水平，促进经济增长。

同时，我们还应该看到，竞争化效应带给企业的不仅是对技术创新的动力，还有压力，竞争化环境中对企业提出更高的要求。在竞争化的环境中，企业必须具备一定的基础实力，包括人才储备、资金投入、激励环境等，缺少这些基本条件，企业容易在竞争环境中失败，尤其是传统产业和技术含量高的产业。正是由于高度竞争的产业发展环境，如果在制度设定和创新环境不佳的情况下，技术创新容易被模仿，从而造成恶性竞争，产业整体技术创新环境会受损。因此，Porter 外部性有可能带来的是技术的进步，也有可能带来的是产业的恶性竞争。如图 3 - 7 所示。

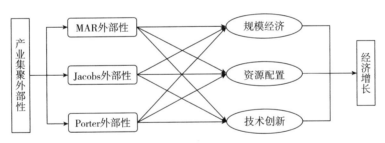

图 3 - 7　产业集聚效应异质性对经济增长的影响机制分析

五、产业集聚空间异质性对经济增长的
影响理论机制

本书的产业集聚空间异质性主要是基于研究对象，即中国 280 个城市的基础上来进行分析的。根据各个城市人口规模、地理区位、行政等级等异质性来衡量产业集聚的空间异质性。

（一）人口规模视角下产业集聚对经济增长的影响理论机制

中国作为一个城市数目众多的国家，各城市人口规模存在巨大差异，有小于 100 万人口的小城市，也有人口超过 1000 万的超大城市。研究不同人口规模视角下产业集聚对经济增长的影响机制具有重要意义。

1. 人口规模较大城市具有更大市场潜力，可实现规模经济

城市人口规模的大小在某种程度上决定了可容纳产业集聚的规模，小城市在产业发展到一定程度时，由于生产要素的存量以及吸纳能力较弱，可能产业集聚形成的时间更长，产生拥塞效应时间更晚，但是一旦形成产业拥塞效应，应对的时间会更久。而大城市由于产业基础较好，容易形成产业集聚规模经济，同时由于生产要素的吸纳能力较强，人力资源的储备更为充分、发展速度更快，因此，产业集聚的拥塞效应产生的时间点可能更早，产业优化升级的反应更快。

2. 人口规模较大城市具有更高资源要素集聚力，可提高资源配置效率

人口规模大、人口密度高的大城市具有明显的生产率优势（张国峰等，2017）。人口规模较大的城市，对外围城市存在虹吸效应，可以促进各种资源集聚，同时大城市的基础设施建设、交通区位条件、产业上下关联配套、政府政策制度都要优于中小规模城市，对产业集聚高质量发展具有促进作用，从而带来经济增长。

3. 人口规模较大城市具有更大知识和技术溢出机会，可提高技术创新效率

人口在某一城市不断聚集和增加，可以分享知识、相互学习和共享资源，同时，由于劳动力的集聚可以提高劳动力市场流动的概率和匹配的质量。因此，人口规模较大的城市随着劳动力的集聚，知识和技术溢出的可能性更大、效果更好，可以带来技术创新效率的提升。

同时也要看到人口规模越大的城市有两种现象会产生：一是城市由于

人口集聚力的增强，集聚的企业数量增多，产业集聚规模越来越大，经济增长势头迅猛，形成北京、上海、重庆、成都这种集聚程度高，经济发展好的超大型城市；二是由于城市人口基数大，劳动力供给竞争激烈，劳动力价格较低，为追求高收益，劳动力的向外迁移成为趋势，造成当地产业集聚水平和经济发展偏低，形成阜阳、临沂、南阳等产业集聚基础较弱的城市。因此，人口规模的大小对产业集聚的影响，以及产业集聚对经济增长的影响都会存在不确定性。

（二）地理区位视角下产业集聚对经济增长的影响理论机制

区位理论关于产业空间集聚的重要观点之一，就是城市地理区位的比较优势，这是产业集聚的初始条件。因为城市具有地理区位的优势，开始吸引企业集中，从而产生集聚效应，带来规模经济，同时又由于产业集聚的自我增强机制，最终形成具有优于其他城市的高度产业集聚。本书关于城市地理区位异质性主要是指沿海城市和内地城市。

1. 沿海城市便捷的交通区位条件，可以加快实现规模经济

从沿海城市来看，具有先天的沿海优势条件，由于交通条件的优越，根据新经济地理学的观点，交通成本较低，在产业集聚发展过程中可以实现成本降低和规模报酬递增，从而提高产业生产效率，促进城市经济增长。

2. 沿海城市良好的产业集聚基础，能够促进资源配置效率提升

对于沿海城市来说，制造业集聚指数较高，整体制造业发展水平较好，同时对高技术劳动力、资本等生产要素的吸引能力也较强，资源配置效率相比内陆城市更高。

3. 沿海城市较好的人才吸引能力，可以提高技术创新效率

沿海城市相比内陆城市而言，由于较好的生活条件，较多的工作机会，较大的发展平台，对高层次人才、高技术人才吸纳能力更高，同时由于产业集聚发展基础较好，本身已经吸纳了较多的熟练劳动力，因此，知识和技术的溢出更容易，技术创新的条件更为完善，从而提高技术创新效率。

但是，由于沿海城市的产业多样化发展略有欠缺，同时由于产业集聚对外转移的影响，产业前后向关联及互补性技术的交流沟通在同一城市空间范围不能体现，因此，沿海城市产业集聚对经济增长的影响，从产业集聚类型异质性和产业集聚效应异质性来说与内陆城市存在差异。

（三）行政等级视角下产业集聚对经济增长的影响理论机制

在中国特色社会主义的体制机制下，产业集聚对经济增长的影响受到政府政策的影响较大。从行政等级异质性角度来看，中国城市受到优惠政策的程度与其行政等级密切相关。一个城市的行政等级越高，其可能得到的再分配资源就越多，对人口、资金、技术等生产要素的吸引力就越大。

1. 高行政等级城市产业集聚专业化更高，更容易促进规模经济

我国高行政等级城市在产业集聚过程中，专业化集聚度比多样化集聚度更高。从生产要素供给的角度来看，由于高行政等级城市对各类生产要素的集聚力度较大，能够吸引丰富的生产要素供给；从市场需求角度来看，高行政等级城市往往集聚了大量的人口，对产品需求的潜力巨大，丰富的供给和巨大的需求，更容易促进产业规模的壮大和企业效益的提升，从而实现规模经济。

2. 高行政等级城市有利于资源要素的集中，可提高资源配置效率

就高行政等级城市而言，在全国范围内，或者全省域范围内，可以得到更多的政策资源，对人才、资本等各种生产要素的集聚力度更大。同时，由于高行政等级城市的市场更为规范，体制机制更为完善，能够保障资源要素的合理配置，从而提高资源要素的配置效率。

3. 高行政等级城市技术创新条件更为成熟，可提高技术创新效率

高行政等级城市既有良好的硬件，同时也具有良好的软件。在硬件方面，拥有较多的企业科技研发中心、高校科研院所、创新孵化平台等各类技术创新平台，这是技术创新的基础要素；在软件方面，高行政等级城市集聚了更多的高技术人才，知识和技术的溢出效应更方便快速，这是技术创新的核心要素。同时由于高行政等级城市拥有更规范的创新制度环境，

可以更加激励技术创新效率的提升。

对于我国绝大部分高行政等级城市而言，制造业集聚度已经处于逐步下降的阶段，但是大部分是科技含量高、附加值大的企业。高行政等级城市在产业集聚发展战略上主要还是偏向服务业（包括生产性服务业），但是由于行政级别较高，对产业进入的管制和制约权力也较大，因此，高行政等级城市对经济增长的影响与低行政等级城市存在差异。产业集聚空间异质性对经济增长影响机制分析如图 3 - 8 所示。

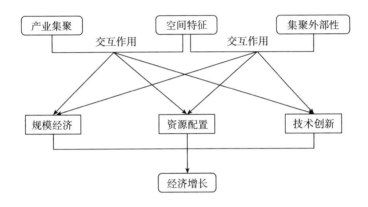

图 3 - 8　产业集聚空间异质性对经济增长的影响机制分析

六、本章小结

本章旨在分析产业集聚异质性对经济增长的影响理论机制，具体包括以下三个方面的内容。

一是论述产业集聚异质性对经济增长的视角分析。主要是为了界定产业集聚异质性的研究范围。从产业互动视角分析表明产业集聚类型异质性（即制造业集聚、生产性服务业集聚、制造业与生产性服务业协同集聚）、产业集聚效应异质性（即 MAR 外部性、Jacobs 外部性、Porter 外部性）对经济增长的影响产生差异；从空间互动的视角分析可以表明产业集聚空间异质性（即人口规模、地理区位、行政等级）会造成产业集聚对经济增长的影响产生差异。

二是明确产业集聚异质性的具体内涵。将本书分析的产业集聚异质性分为类型异质性、效应异质性和空间异质性三大类。这三类异质性不是分离的，而是互相关联、互为支撑的关系。产业集聚类型异质性是产业集聚对经济增长影响的核心主体，产业集聚效应异质性是产业集聚对经济增长影响的外部途径，产业集聚空间异质性是产业集聚对经济增长影响的空间载体。产业集聚效应异质性研究的基础是类型异质性，产业集聚空间异质性研究的基础是类型异质性和效应异质性。

三是重点分析产业集聚类型异质性、效应异质性、空间异质性对经济增长的影响理论机制。产业集聚类型异质性下产业集聚对经济增长的影响是通过规模经济、资源配置、技术创新对经济增长产生影响；产业集聚效应异质性对经济增长的影响是聚焦在专业化、多样化、竞争化效应（即 MAR 外部性、Jacobs 外部性、Porter 外部性）所带来的影响；产业集聚空间异质性对经济增长的影响，则是在前两者的基础上侧重分析不同人口规模、地理区位、行政等级的约束下，产业集聚对经济增长的影响差异。

第四章
产业集聚的测度与时空演化分析

产业集聚研究可以概括为三个层次：一是测度产业集聚程度或水平，这是所有研究的基础；二是产业集聚的影响因素、决定因素或动力因素，这是所有研究的途径；三是分析产业集聚对经济发展的影响，这是所有研究的目标（文东伟和冼国明，2014）。本书内容布局基本围绕这条研究主线，本章主要对制造业以及生产性服务业的集聚度进行测度以及空间演化分析。第五章、第六章和第七章主要从不同异质性视角实证研究产业集聚对经济增长的影响。

从本质上讲，产业集聚是企业的集聚。中国产业集聚主要有两种模式，一是由生产同类产品专业化集中的产业集聚，如江浙一带的产业集聚；二是产业链上下游协作紧密，涉及多样化行业分类的产业集聚，如石化产业集聚、汽车产业集聚等。由于产业集聚与企业规模、行业类别、地理距离等密切相关，因此，产业集聚的测度方法以及演变趋势依据上述差异化进行分类和测度。

学术界探讨测度产业集聚的方法可以分为以下三类：第一类考虑企业规模差异的测度方法是传统的行业集中度（CRn 指数）、赫芬达尔指数（H 指数）以及 Ellison 等（1997）构建的 EG 指数或称为 γ 指数；第二类考虑行业类别和地区范围的测度方法是区位熵、产业空间基尼系数等；第三类是考虑空间距离的 Duranton 和 Overman（2008）发展的 D - O 指数、M 函数，还包括空间邻近关系的 Moran's I 指数。每种测度方法都有其适用的环境和场合，各有优缺点，可根据研究目的不同而进行选择。

在运用合理方法对产业集聚的测度上，现有国内文献主要基于非企业层面和企业层面两方面的数据。非企业层面的数据，一是省际数据，可以细分到两位数的制造业细分行业，数据主要来自《中国统计年鉴》；二是城市数据，但是只能研究工业或制造业、生产性服务业等整个行业的空间集聚现象，数据主要来自《中国城市统计年鉴》。这类研究可以用Krugman 的空间基尼系数以及区位熵等指标来测度，代表性的文献有范剑勇（2004）、陈得文和苗建军（2010）、陈国亮和陈建军（2012）、张虎等（2017）。企业层面的数据根据来源不同可为两大类：一是使用中国工业企业数据库进行研究，代表文献有路江涌和陶志刚（2006）、邵宜航和李泽扬（2017）；二是使用中国工业经济普查或者中国经济普查企业层面数据。

从数据使用的角度，企业层面的数据研究更细致，也更贴近经济活动的现实，但是由于企业层面的数据样本量大、处理程度复杂、可得性差，同时样本匹配混乱、信息有误、指标缺失或异常，因此，这一类文献并不多。对于产业集聚的测度，如果行业范围给定，地区范围越小，产业集聚指数越低；地区范围给定，行业范围越细产业集聚指数越高（文东伟和冼国明，2014）。因此，鉴于数据的可得性以及本书的研究目标，使用城市层面的数据。利用 2004 ~ 2016 年《中国城市统计年鉴》的数据，研究分析中国 280 个城市制造业集聚、生产性服务业集聚、制造业与生产性服务业协同集聚程度的变化。

一、产业集聚度测度方法

产业集聚的测度方法前文已经论述过很多，同样研究范围内不同角度测度的结果差距不大。本节考虑到研究目的和数据可得性问题，最终选取区位熵作为产业集聚的测度方法。

（一）区位熵指数

区位熵用于衡量某一地区要素的空间分布情况，反映某一产业部门的专业化程度，一般以就业人数、工业增加值、企业数量等作为产出指标，其计算公式为：

$$LQ_{ij} = \frac{\dfrac{q_{ij}}{q_i}}{\dfrac{q_j}{q}} \tag{4-1}$$

式中，LQ_{ij} 是 i 城市 j 产业在全国的区位熵指数，q_{ij} 是 i 城市 j 产业的就业人数；q_j 是全国 j 产业的就业人数；q_i 是城市 i 的就业人数，q 是全国所有城市的就业人数。

当 $LQ_{ij} > 1$ 时，表示 i 城市 j 产业高度集聚；当 $LQ_{ij} = 1$ 时，表示 i 城市 j 产业集聚程度一般；当 $LQ_{ij} < 1$ 时，表示 i 城市 j 产业集聚程度较低。

区位熵选取的数据是产业层面数据，资料获取容易，计算方法简单易行，分析结果直观，并且能较好地反映地区层面产业的集聚水平。但是区位熵未考虑企业规模的差异，可能造成某地区产业集聚不显著，区位熵指数较高的现象。

（二）协同集聚指数

现有文献中，测度产业协同集聚的方法主要有 E - G 协同集聚指数和区位熵相对差异指数法两种。其中，E - G 协同集聚指数主要用于测度一个区域的整体协同集聚程度，而区位熵相对差异指数可用于测度整体区域不同地区内部的协同集聚程度。

1. E – G 协同集聚指数法（Co – agglomeration）

Ellison 和 Glaeser（1997）构建了 E – G 指数[①]，他们用这一指标计算了两位数产业的集聚水平，但这一指标仅适用于单个产业集聚，不能反映关联产业的集聚程度，或者说，这一指标难以刻画两个或多个产业集聚状况。因此，有学者进一步构建了用于考察多个产业间协同集聚的 E – G 修正指数，其计算公式为：

$$\gamma^c = \frac{\left[\dfrac{G}{1 - \sum\limits_i x_i^2}\right] - H - \sum\limits_j \hat{\gamma}_j w_j^2 (1 - H_j)}{1 - \sum\limits_j w_j^2} \qquad (4-2)$$

式中，G 为地理集聚指数，$H = \sum\limits_j w_j^2 H_j$ 为企业规模分布加权的赫芬达尔指数，w_j 为 j 行业在一个行业组中的就业比重，H_j 为 j 行业企业层面的赫芬达尔指数，$\hat{\gamma}_j$ 为行业 j 的 E – G 指数。

在数据可得的情况下，E – G 修正指数能较为全面地衡量多个产业间的协同集聚状况，但该方法对数据要求极高，不仅需要产业层面的数据（从业人员或产值），还需要产业内企业层面的统计数据，从而限制了该方法的应用。鉴于此，Devereux 等（2004）将 E – G 共同集聚指数进行一定程度的简化，简化后的公式为：

$$C(r) = \frac{G_r - \sum\limits_{j=1}^r w_j^2 G_j}{1 - \sum\limits_{j=1}^r w_j^2} \qquad (4-3)$$

式中，$w_j = \dfrac{T_j}{\sum\limits_{j=1}^r}$，$T_j$ 为权重指标，用产出指标份额表示，T_j 为产业 j

---

① E – G 指数的计算公式为：$r = \dfrac{[G - (1 - \sum\limits_i x_i^2)H]}{[(1 - \sum\limits_i x_i^2)(1 - h)]}$，其中 G 为地理集聚指数，可用空间基尼系数测算；H 为地理集中度，可用赫芬达尔指数计算；x_i 为 i 地区从业人员人数占所有区域总从业人员人数的比重。

总就业；G 为地理集中度，用赫芬达尔指数计算，即 $G = \sum_{k=1}^{} s_k^2 - (1/K)$；$G_r$ 表示两个产业或多个产业在第 r 地区的就业人数占两个产业或多个产业全国就业的份额；G_j 表示单个产业在第 r 地区的就业人数占全国就业人数的比重；s_k 表示单个产业或多个产业在第 K 地区的就业人数占单个产业或多个产业全国就业人数的比重，K 表示地区个数；$C(r)$ 值越大，产业间集聚度越高。

简化后的公式不需要企业层面的微观数据，符合国内企业层面数据相对缺乏的现实，所以该方法得到广泛应用。陈国亮和陈建军（2012）、江曼琦和席强敏（2014）等，用此方法研究了两个或多个产业协同集聚程度。

2. 区位熵相对差异指数法

E－G 协同集聚指数法和简化后的 E－G 协同集聚指数法只是从产业层面反映整体性的不同产业协同集聚水平，不能反映单个地区的多个产业协同集聚程度。因此，陈国亮和陈建军（2012）、杨仁发（2013）提出了适用于单个地区（城市）的产业协同集聚相对差异指数法，之后有较多的学者沿用和优化了该方法（陈晓峰和陈昭锋，2014；吉亚辉和甘丽娟，2015；胡艳和朱文霞，2015）。具体做法如下：

第一步：构建城市 i 产业 j 的区位熵指数，计算公式为：

$$LQ_{ij} = \frac{\dfrac{q_{ij}}{q_i}}{\dfrac{q_j}{q}} \qquad (4-4)$$

式中，LQ_{ij} 是 i 城市 j 产业在全国的区位熵指数，q_{ij} 是 i 城市 j 产业的就业人数；q_j 是全国 j 产业的就业人数；q_i 是城市 i 的就业人数，q 是全国所有城市的就业人数。

第二步：构建产业协同集聚指数，计算公式为：

$$coagg_i = 1 - \frac{|LQ_{imagg} - LQ_{isagg}|}{LQ_{imagg} + LQ_{isagg}} \qquad (4-5)$$

式中，LQ_{imagg} 表示 i 城市制造业的区位熵指数，LQ_{isagg} 表示 i 城市生产性服务业的区位熵指数。根据式（4-4）可以测算城市 i 任意两大产业间的协同集聚指数 $coagg_i$，该值越大，说明城市 i 产业协同集聚程度越高，但该协同集聚指数并非越高越好。式（4-5）中隐含的一层意义在于，两个产业的区位熵指数和生产性服务业的区位熵指数越接近，所得出的协同集聚指数越高。例如，两个产业的区位熵均为较大、中等或较小时，其所测得的产业协同集聚指数都会相对较大。

虽然式（4-4）为城市产业协同集聚程度提供了便捷的算法，但是存在一定的缺陷：无法准确诠释产业协同集聚所隐含的专业化集聚情况，即较为接近的产业协同集聚指数可能基于完全不同的区位熵指数（伍先福，2017）。因此，不能简单地根据产业协同集聚指数大小来进行区分。

针对这种缺陷，陈建军等（2016）在式（4-5）的基础上增加了各产业的区位熵，以期望产业协同集聚指数既能够反映协同质量，也能反映协同集聚的深度或高度，如下所示：

$$coagg_i = 1 - \frac{\left| LQ_{imagg} - LQ_{isagg} \right|}{LQ_{imagg} + LQ_{isagg}} + \left(LQ_{imagg} + LQ_{isagg} \right) \qquad (4-6)$$

式中，等式右边第一项代表协同集聚指数的质量，第二项代表协同集聚指数的深度，两项的和表明制造业与生产性服务业协同集聚质量高、深度广。结合本书的研究目标和数据可得性，我们选择产业协同集聚计算公式（4-6）。

二、产业集聚测度结果和特征分析

本节主要对 280 个城市制造业产业集聚指数、生产性服务业集聚指数、制造业与生产性服务业协同集聚指数分别进行测算和分析，为后文分析产业集聚对经济增长的影响提供事实支撑。

首先，从全国—区域—城市三个层次递进分析三类产业集聚测算结果，以便更加全面、直观地分析不同时间、不同区域、不同城市的产业集聚现状及变化情况。一是全国层面，利用测算结果分析 2004～2016 年全国平均产业集聚指数的变化情况。二是区域层面，重点从东、中、西部的视角分析产业集聚变化特征。三是城市层面，主要从人口规模、地理区位、行政等级异质性的角度进行分析。

其次，在城市层面分析过程中将重点放在了空间异质性的视角，着重分析各个城市的自然禀赋、制度因素、城市规模等差异对产业集聚测算结果的影响，具体用人口规模、沿海城市、高行政等级城市来体现。一是不同城市的人口规模相差较大，人口超千万的超大型城市，如北京、上海、重庆，也有人口低于百万的小城市，如乌海市、七台河市、防城港市，人力资源对于城市产业集聚发展具有重要的作用，人口的基数不同导致产业集聚度存在差异。二是沿海城市比内陆城市拥有更便捷的交通条件、更便宜的物流成本、更便利的进出口条件，在产业集聚过程中起到重要的作用。三是在中国现有的经济体制下，高行政等级城市在政策倾斜以及制度制定方面普遍优于低行政等级城市，这是制度因素较好的体现，对产业集聚的促进作用较为明显。

（一）指标选择与数据处理说明

1. 城市处理

本书涉及的城市，按照《中国城市统计年鉴》的统计，剔除数据完整缺失超过 3 个及以上城市的省、市、区，或者因行政区划调整太大导致难以获得统计口径一致的城市，剔除了西藏、青海、新疆、海南、安徽的巢湖、贵州的毕节和铜仁，保留了 280 个地级及以上城市。《中国城市统计年鉴》按行政级别将中国的城市分为四类：直辖市、副省级市、地级市和县级市，本书研究的对象包括 4 个直辖市、15 个副省级市、261 个地级市，合计 280 个城市。

2. 生产性服务业分类

根据张虎等（2017）的做法，将交通运输仓储和邮政业、信息传输计算机和软件业、金融业、租赁和商务服务业、科学研究和技术服务业五类归为生产性服务业。

3. 地区分类

本书的东部地区包括北京、天津、河北、上海、江苏、浙江、福建、山东、广东9省市，共85个城市；中部地区包括山西、河南、安徽、湖北、湖南、江西、辽宁、吉林、黑龙江9省，共114个城市；西部地区包括内蒙古、广西、重庆、四川、贵州、云南、陕西、甘肃、青海、宁夏10个省区市，共81个城市。

（二）制造业集聚测度结果和特征分析

1. 制造业集聚的时序特征分析

2004～2016年，全国280个城市制造业集聚指数平均数值为0.86～0.89，整体呈现U形（见表4-1和图4-1）。具体而言，2004～2013年我国的制造业产业集聚指数出现下降趋势，最低点为0.84，而2014～2016年开始上升，这个测算结果与文东伟和冼国明（2014）的测算结果一致。

表4-1 2004～2016年制造业集聚度时序演化情况

年份	制造业区位熵平均值	年份	制造业区位熵平均值
2004	0.89	2011	0.84
2005	0.88	2012	0.84
2006	0.86	2013	0.84
2007	0.86	2014	0.85
2008	0.85	2015	0.85
2009	0.85	2016	0.86
2010	0.85		

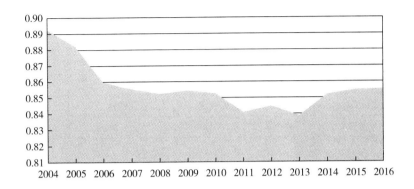

图 4-1　2004~2016 年制造业集聚度时序变化情况

2. 制造业集聚的区域特征分析

为了展示 280 个城市的制造业集聚度的东、中、西部的空间变化，本书均等地选取了 2004 年、2008 年、2012 年、2016 年的结果进行分析（见表 4-2 和图 4-2）。根据区位熵的取值，将制造业集聚度分成三个等级：高等集聚度等级（$LQ \geqslant 2$）、中等集聚度等级（$1 \leqslant LQ < 2$）、低等集聚度等级（$LQ < 1$）。

表 4-2　280 个城市制造业集聚度等级划分情况

年份	区域划分	高等集聚度等级 $LQ \geqslant 2$	中等集聚度等级 $1 \leqslant LQ < 2$	低等集聚度等级 $LQ < 1$	制造业集聚 度平均值
2004	东部	6	43	36	1.17
	中部	0	32	82	0.80
	西部	2	14	65	0.73
2008	东部	6	42	37	1.20
	中部	0	28	86	0.73
	西部	1	11	69	0.65
2012	东部	6	47	32	1.19
	中部	0	32	82	0.74
	西部	1	11	69	0.62

年份	区域划分	高等集聚度等级 $LQ \geqslant 2$	中等集聚度等级 $1 \leqslant LQ < 2$	低等集聚度等级 $LQ < 1$	制造业集聚 度平均值
	东部	5	40	40	1.16
2016	中部	0	39	75	0.81
	西部	0	10	71	0.61

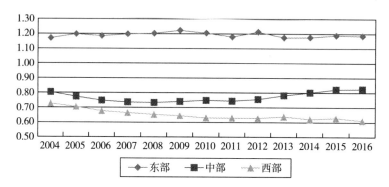

图 4 - 2　2004 ~ 2016 年东、中、西部制造业集聚度时序变化情况

（1）制造业集聚度总体空间分布情况。2004 年，制造业集聚度处于高等集聚度等级的城市有 8 个，主要分布在东部和西部，分别为嘉峪关、珠海、泉州、厦门、惠州、苏州、金昌、嘉兴。中等集聚度等级城市有 89 个，低等集聚度等级城市有 183 个。

相比 2004 年，2008 年制造业高等集聚度等级和中等集聚度等级的城市稍有减少，低等集聚度等级的城市稍有增加。具体而言，高等集聚度等级的城市有 7 个，主要分布在东部和西部，分别为惠州、嘉峪关、苏州、泉州、嘉兴、珠海、滨州。中等集聚度等级的城市有 81 个，低等集聚度等级的城市有 192 个。

相比 2008 年，2012 年制造业高等集聚度等级的城市较稳定，中等集聚度等级的城市有所增加，而低等集聚度等级出现收缩。具体而言，高等集聚度等级的城市有 7 个，主要分布在东部和西部，分别为惠州、苏州、泉州、嘉峪关、珠海、嘉兴、威海。中等集聚度等级的城市有 90 个，低等集聚度等级的城市有 183 个。

相比 2012 年，2016 年制造业高等集聚度等级的城市出现下降，中等集聚度等级的城市相对稳定，而低等集聚度等级的城市稍有增加。具体而言，高等集聚度等级的城市有 5 个，主要分布在东部，分别为东莞、中山、佛山、苏州、惠州。中等集聚度等级的城市有 89 个，低等集聚度等级的城市有 186 个。

（2）区域产业集聚程度存在时空分异。总体而言，制造业产业集聚度较高的区域仍然集中在东部地区，东部制造业区位熵全部在 1 以上；中部制造业区位熵指数逐步上升，与东部地区的差距在缩小，与西部的差距在拉大；西部地区制造业区位熵均值大致趋势在下降，而且与中部、东部的差距越来越大。具体呈现以下特征：

1）东部地区城市制造业高度集聚态势未变。2004 年，处于制造业高等集聚度等级的城市有 8 个，其中东部地区 6 个，2016 年，位熵大于 2 的城市有 5 个，均为东部地区。东部地区作为制造业发展水平起点较高的地区，这种优势一直存在。在经济新常态和环境容量局限双重背景下，东部地区采取转型升级战略，逐渐向技术、知识、信息等高技术产业转型，向研发、商务服务、总部经济等生产性服务业转型，但是只有少数城市具备一定的规模优势，制造业集中的总体现状并未改变太大。

2）中部地区城市产业集聚逐步上升。虽然中部地区在 4 个时间节点上没有制造业高等集聚度等级的城市，但是在中等集聚度等级（区位熵为 1~2）的城市数量呈现先降后升的变化过程，2004 年，中等集聚度等级城市有 32 个，2008 年有 28 个，2016 年有 32 个，2016 年有 39 个。中部地区作为东部与西部的过渡区，早期产业集聚度有所下降，2008 年以后大力承接东部制造业转移，制造业集聚度逐步上升，上升幅度较大。

3）西部地区城市产业集聚度有待提高。西部地区在 4 个时间节点上，中等集聚度的城市数量逐步减少，从 2004 年的 14 个到 2016 年的 10 个，而低集聚度地区从 65 个增加到 71 个。但是整体来看，81 个西部地区城市区位熵均值从 2004 年的 0.73 到 2008 年的 0.65，到 2012 年的 0.62，到

2016 年的 0.61，西部城市的制造业集聚度呈现从高到低的过程。可能的原因是，得益于国家政策的影响，近年部分西部地区制造业有较大发展，但是整体平均值较低。2016 年，全国制造业集聚平均值是 0.86，西部除嘉峪关、金昌等资源型城市外，成都从 2004 年的 0.92 上升到 2016 年的 1.30，增速较快，这一方面是国家对西部地区的大力支持，另一方面得益于成都在"十二五"、"十三五"期间提出"打造西部经济核心增长极，建设现代化国家大都市"的发展思路。

3. 空间异质性视角下制造业集聚特征分析

城市空间的异质性是影响产业集聚的重要因素，下面重点分析人口规模异质性、地理区位异质性、行政等级异质性视角下制造业集聚特征。

（1）人口规模异质性城市制造业集聚特征分析。本小节主要考察不同人口规模城市的制造业集聚度的变化。城市规模划分标准根据《国务院关于调整城市规模划分标准的通知》（国发〔2014〕51 号），以城区常住人口为统计口径，将城市划分为五类七档。城区常住人口在 50 万以下的城市为小城市，其中 20 万以上 50 万以下的城市为 I 型小城市，20 万以下的城市为 II 型小城市；城区常住人口在 50 万以上 100 万以下的城市为中等城市；城区常住人口在 100 万以上 500 万以下的城市为大城市，其中 300 万以上 500 万以下的城市为 I 型大城市，100 万以上 300 万以下的城市为 II 型大城市；城区常住人口在 500 万以上 1000 万以下的城市为特大城市；城区常住人口在 1000 万以上的城市为超大城市。为研究方便简化分类层次，主要分为人口在 500 万以下大城市，500 万以上 1000 万以下特大城市，1000 万以上超大城市。具体测算结果如表 4 - 3 和图 4 - 3 所示。

1）特大型城市制造业区位熵指数最大。1000 万人以上的超大城市制造业区位熵整体水平最低，2004 ~ 2016 年的均值仅为 0.82；500 万 ~ 1000 万人特大城市最高，平均值为 0.89，远高于超大城市；居中的是 500 万人以下的大型城市，平均值为 0.84。超大型城市在人口等生产要素大幅度集聚的同时，服务业发展较为迅速，制造业开始向外围城市转移，因此整体来看，超大型城市的制造业区位熵指数最小。500 万人的大城市，在全国

表 4 - 3　2004～2016 年人口规模异质性城市制造业集聚度变化情况

年份	500 万人以下		500 万～1000 万人		1000 万人以上	
	城市数（个）	区位熵均值	城市数（个）	区位熵均值	城市数（个）	区位熵均值
2004	195	0.89	77	0.92	8	0.85
2005	194	0.87	78	0.91	8	0.83
2006	193	0.85	79	0.89	8	0.83
2007	188	0.85	84	0.88	8	0.83
2008	187	0.84	85	0.88	8	0.82
2009	185	0.82	86	0.94	9	0.76
2010	183	0.85	88	0.88	9	0.77
2011	178	0.83	92	0.86	10	0.79
2012	178	0.83	91	0.88	11	0.83
2013	178	0.83	90	0.86	12	0.87
2014	178	0.84	89	0.88	13	0.83
2015	176	0.84	90	0.89	14	0.84
2016	177	0.83	89	0.90	14	0.85
均值	184	0.84	86	0.89	10	0.82

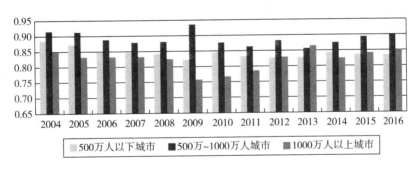

图 4 - 3　2004～2016 年人口规模异质性城市制造业集聚度对比情况

范围内属于小城市，基础设施建设、产业发展基础、人才吸引能力以及其他生产要素集聚能力较弱，制造业的集聚水平较弱，且新兴产业、科技含量高的制造业较少。500 万～1000 万人的特大城市各方面条件都利于制造业集聚，因为一方面生产要素充足，环境容量充裕，另一方面产业基础较好，利于承接超大城市的制造业转移，所以区位熵指数最高。

2）超大型城市区位熵指数变化幅度最大。从时间维度来看，2004~2016年，区位熵波动最大的是超大型城市，最大值为0.85，最小值为0.76，两者相差11.84%；特大型城市的区位熵最大值为0.94，最小值为0.86，两者相差8.05%；大型城市的区位熵最大值为0.89，最小值为0.82，两者相差8.54%。也就是说，制造业区位熵指数越高的城市变化幅度反而越小，可以看出制造业的地域依赖性较大，制造业相对于服务业的综合成本投入也较大，产业转移的成本较高。因此，只有原城市综合生产成本高于转移后的城市，才有可能发生产业转移，同时产业集聚指数较高说明当地产业基础较好，产业链条配套较为完善，企业不会轻易发生转移。

（2）地理区位异质性制造业集聚特征分析。本小节主要考察51个沿海城市和229个内陆城市制造业集聚指数特征情况（见附表2），根据式（4-1）的测算，沿海、内陆城市的制造业集聚度均值具体计算结果如表4-4所示。

表4-4　2004~2016年地理区位异质性城市制造业集聚度对比情况

年份	沿海城市制造业区位熵均值	内陆城市制造业区位熵均值	两者差距（%）
2004	1.22	0.82	48
2005	1.24	0.80	55
2006	1.22	0.78	57
2007	1.23	0.77	59
2008	1.23	0.77	60
2009	1.24	0.77	61
2010	1.22	0.77	59
2011	1.23	0.76	62
2012	1.25	0.75	66
2013	1.19	0.76	57

年份	沿海城市制造业 区位熵均值	内陆城市制造业 区位熵均值	两者差距 （%）
2014	1.20	0.77	55
2015	1.19	0.78	52
2016	1.19	0.78	52

1）沿海城市制造业集聚呈现先升后降的倒 U 形趋势，内陆城市则相反。沿海城市制造业集聚度在 2012 年以前大致呈现上升趋势，之后呈现下降趋势，但是过程略有波动，整体水平偏高（见图 4 - 4 和图 4 - 5）。2012 年以前，沿海城市利用其优越的交通区位优势和国际产业转移的大背

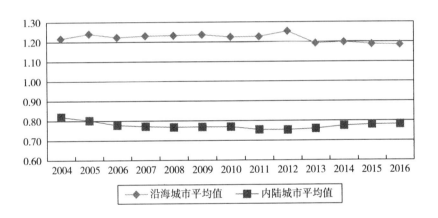

图 4 - 4 2004 ~ 2016 年地理区位异质性城市制造业集聚度变化情况

景，制造业集聚得到较好发展。2012 年以后，随着产业发展规律以及各种生产条件和要素的约束，沿海城市开始推动产业结构优化转型，制造业区位熵略有降低，这可能是沿海城市产业结构优化升级以及制造业转移的结果。内陆城市最早由于受到沿海资金、人才、技术等生产要素的限制，制造业集聚程度在沿海城市集聚发展的对比下，集聚度略有下降。但是 2012 年以后，由于积极承接沿海地区制造业转移，以及大力发展开发区等工业

集聚平台，推动了制造业集聚的提升。

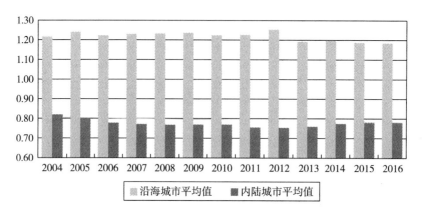

图 4 - 5   2004 ~ 2016 年地理区位异质性城市制造业集聚度对比情况

2）沿海城市的制造业集聚度均值远远高于内陆城市。2004 ~ 2016 年，沿海城市均值绝大部分年份比内陆城市均值高出 50% 以上，最高达到 66%，约是内陆城市均值的两倍以上（见表 4 - 4），可见我国制造业主要仍是集聚在沿海城市。该研究结论说明地理区位的依赖性对于制造业集聚影响较大。内陆城市在承接产业转移过程中主要承接的是沿海地区淘汰转移的产业，缺少具有核心竞争力的高端环节以及先进制造业。2013 年以来，内陆城市与沿海城市制造业集聚差距在逐步缩小，这既说明沿海城市产业结构调整初有成效，也说明内陆城市制造业在快速发展。

（3）行政等级异质性制造业集聚特征分析。本小节主要考察 32 个高行政等级城市（含 4 个直辖市、15 个副省级城市以及余下的 13 个省会城市）的制造业集聚情况。2004 ~ 2016 年高行政等级城市制造业区位熵计算结果如表 4 - 5 所示。

1）高行政等级城市制造业集聚度整体呈下降趋势，低行政等级城市则相反（见图 4 - 6）。高行政等级城市的集聚度从 2004 年的 1.14 下降到 2016 年的 0.87，降幅达到 23%，尤其是 2012 年以后下降幅度更明显。一方面，高行政等级城市作为各个省区市重点发展区域，具有产业基础较好、

表4－5 2004～2016年32个高行政等级城市制造业集聚度时序变化情况

年份 城市	2004	2005	2006	2007	2008	2009	2010	2011	2012	2013	2014	2015	2016
北京	0.63	0.61	0.65	0.62	0.57	0.55	0.53	0.53	0.51	0.45	0.44	0.40	0.38
天津	1.40	1.38	1.35	1.28	1.22	1.24	1.24	1.41	1.42	1.32	1.33	1.27	1.20
石家庄	1.16	1.09	1.04	1.01	0.98	0.95	0.94	0.88	0.80	0.79	0.80	0.80	0.79
太原	1.03	0.99	1.01	0.98	0.95	0.93	0.99	0.91	0.82	0.70	0.63	0.62	0.69
呼和浩特	0.70	0.78	0.70	0.66	0.62	0.59	0.63	0.63	0.61	0.35	0.45	0.46	0.43
沈阳	1.05	1.03	0.95	0.93	0.98	1.01	0.93	0.88	0.91	0.77	0.74	0.71	0.71
大连	1.52	1.56	1.50	1.52	1.47	1.51	1.47	1.45	1.41	1.36	1.35	1.28	1.28
长春	1.11	1.01	1.03	0.99	1.01	1.01	1.26	1.03	0.97	1.04	1.04	1.02	1.03
哈尔滨	1.31	1.18	1.12	1.06	1.05	1.04	0.85	0.74	0.68	0.69	0.68	0.63	0.61
上海	1.28	1.14	1.19	1.28	1.27	1.25	1.22	1.26	1.35	1.11	0.99	0.96	0.99
南京	1.18	1.19	1.24	1.21	1.23	1.27	1.28	1.29	1.24	0.88	0.81	0.84	0.81
杭州	1.10	1.27	1.30	1.36	1.31	1.20	1.11	1.00	0.98	0.84	0.80	0.80	0.77
宁波	1.14	1.18	1.34	1.43	1.52	1.54	1.54	1.63	1.61	1.50	1.49	1.47	1.45
合肥	0.94	0.93	0.91	0.92	0.92	0.79	0.85	0.87	0.83	0.77	0.84	0.83	0.83
福州	1.54	1.53	1.52	1.43	1.37	1.30	1.28	1.16	1.10	0.99	0.89	0.85	0.83
厦门	2.31	2.20	2.03	1.98	1.85	1.84	1.86	1.76	1.68	1.35	1.30	1.19	1.14
南昌	0.99	0.90	0.83	0.81	0.82	0.83	0.86	0.93	1.00	0.81	0.89	0.79	0.85
济南	1.09	0.90	0.89	0.85	0.85	0.80	0.82	0.78	0.83	0.71	0.71	0.76	0.73
青岛	1.99	1.97	1.99	1.91	1.91	1.87	1.82	1.81	1.81	1.58	1.56	1.53	1.49
郑州	0.74	0.73	0.69	0.67	0.63	0.66	0.64	0.94	1.17	1.15	1.18	1.19	1.17
武汉	1.20	0.98	0.94	0.87	0.90	0.92	0.95	0.90	0.92	0.87	0.88	0.87	0.86
长沙	0.78	0.80	0.77	0.78	0.79	0.88	0.94	1.02	1.01	0.95	0.99	0.96	0.86
广州	1.26	1.22	1.20	1.26	1.26	1.23	1.22	1.26	1.23	0.99	0.94	0.90	0.87
深圳	1.71	1.58	1.60	1.52	1.53	1.64	1.66	1.56	1.54	1.82	1.89	1.82	1.77
南宁	0.69	0.64	0.61	0.64	0.65	0.68	0.69	0.66	0.53	0.49	0.45	0.45	
重庆	0.88	0.87	0.81	0.80	0.78	0.79	0.78	0.82	0.82	0.73	0.74	0.76	0.81
成都	0.92	0.87	0.85	0.80	0.89	0.89	0.89	0.98	0.95	1.19	0.76	1.38	1.30
贵阳	1.01	0.87	0.84	0.81	0.81	0.75	0.72	0.79	0.74	0.59	0.55	0.53	0.49

续表

年份\城市	2004	2005	2006	2007	2008	2009	2010	2011	2012	2013	2014	2015	2016
昆明	0.87	0.81	0.75	0.74	0.70	0.70	0.73	0.65	0.61	0.54	0.46	0.49	0.46
西安	1.30	1.24	1.17	1.13	1.17	1.08	1.01	0.96	0.96	0.74	0.74	0.77	0.79
兰州	0.97	0.99	0.91	0.90	0.88	0.87	0.83	0.71	0.78	0.62	0.57	0.56	0.53
银川	0.62	0.56	0.52	0.55	0.56	0.54	0.53	0.51	0.45	0.46	0.76	0.77	0.62
平均值	1.14	1.09	1.07	1.05	1.04	1.04	1.03	1.02	1.02	0.91	0.90	0.90	0.87

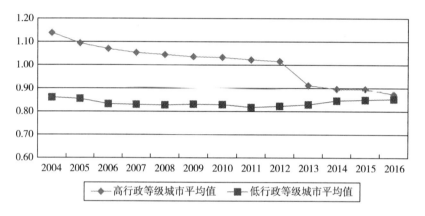

图 4－6　2004~2016 年行政等级异质性城市制造业集聚度变化情况

政策倾斜力度较大的先天优势。在经济发展前期，招商引资的集聚力度都较大，产业集聚度较高，但是随着生产要素的局限，产业集聚效应开始外溢，逐步向周围城市转移。另一方面，随着人口、产业的集聚，高行政等级城市率先大力发展服务业，制造业集聚指数开始下降。但是低行政等级制造业集聚态势则呈现缓慢上升趋势。2011 年以后，随着承接制造业转移幅度的提高，产业基础的累积，同时得益于高行政等级城市产业结构调整，使得低行政等级城市制造业集聚程度提高。

2）高行政等级城市制造业区位熵均值与低行政等级城市差距逐渐缩小（见图 4－7）。高行政等级城市随着制造业集聚程度的提升，受到区域条件、生产要素等各方面的约束，逐步向周边城市转移，同时由于产业结构转型升级，发展重点向服务业转变，造成高行政等级城市的制造业集聚度逐步降低，而周边低行政等级城市的制造业集聚度开始提升。这从侧面体现了产业集聚发展的中心—外围理论。

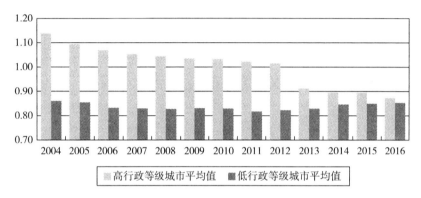

图 4 - 7　2004～2016 年行政等级异质性城市制造业集聚度对比情况

（三）生产性服务业集聚测度结果和特征分析

1. 生产性服务业集聚的时序特征分析

2004～2016 年，全国 280 个城市生产性服务业产业集聚度平均数值为 0.78～0.83，整体呈下降趋势，中间略有波动，呈现 N 形（见表 4 - 6 和图 4 - 8），具体而言，2004～2009 年呈下降趋势，2010～2012 年出现先升后降再升的情况，2013～2016 年呈现缓慢下降的态势。

表 4 - 6　2004～2016 年生产性服务业集聚度时序变化情况

年份	生产性服务业 区位熵平均值	年份	生产性服务业 区位熵平均值
2004	0.83	2007	0.82
2005	0.83	2008	0.81
2006	0.82	2009	0.80

年份	生产性服务业 区位熵平均值	年份	生产性服务业 区位熵平均值
2010	0.80	2014	0.80
2011	0.81	2015	0.79
2012	0.81	2016	0.79
2013	0.79		

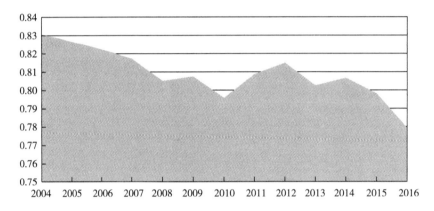

图 4-8　2004~2016 年生产性服务业集聚度时序变化情况

2. 生产性服务业集聚的区域特征分析

为了展示 280 个城市的生产性服务业集聚的东、中、西部空间变化，均等地选取了 2004 年、2008 年、2012 年、2016 年的结果进行分析（见表 4-7 和图 4-9）。根据区位熵的取值将生产性服务业集聚度分成三个等级：高等集聚度等级（$LQ \geqslant 2$）、中等集聚度等级（$1 \leqslant LQ < 2$）、低等集聚度等级（$LQ < 1$）。

表 4-7　280 个城市生产性服务业产业集聚度等级划分情况

年份	区域 划分	高等集聚度等级 $LQ \geqslant 2$	中等集聚度等级 $1 \leqslant LQ < 2$	低等集聚度等级 $LQ < 1$	生产性服务业区 位熵平均值
	东部	0	22	63	0.87
2004	中部	0	24	90	0.82
	西部	0	16	65	0.81

续表

年份	区域划分	高等集聚度等级 $LQ \geqslant 2$	中等集聚度等级 $1 \leqslant LQ < 2$	低等集聚度等级 $LQ < 1$	生产性服务业区位熵平均值
2008	东部	1	20	64	0.84
	中部	0	20	94	0.79
	西部	0	14	67	0.78
2012	东部	1	17	67	0.83
	中部	0	18	96	0.78
	西部	0	14	67	0.82
2016	东部	1	17	67	0.81
	中部	0	20	94	0.79
	西部	0	9	72	0.77

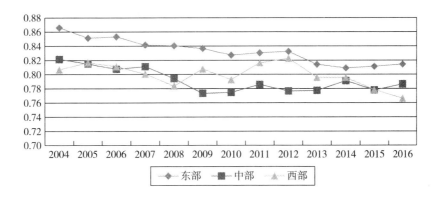

图 4-9　2004~2016 年东、中、西部生产性服务业产业集聚度时序变化情况

（1）生产性服务业集聚滞后于制造业集聚。从 2004 年、2008 年、2012 年、2016 年四个时间节点来看，生产性服务业的集聚指数高集聚度较少，区位熵指数超过 2 的只有北京市。中等集聚度等级（区位熵指数在 1~2）的城市东、中、西部有 50 个左右，然而制造业集聚度超过 2 的城市有六七个，区位熵指数在 1~2 的城市在 90 个左右。也就是说，生产性服务业比制造业高集聚区域明显偏少，说明生产性服务业的集聚水平整体落后于制造业。

（2）东部地区生产性服务业集聚指数高于中部和西部地区。东部地区生产性服务业区位熵的平均值为 0.83、中部地区为 0.79、西部地区为 0.80。东部地区由于产业结构的转型升级，"退二进三"趋势明显，生产性服务业发展迅速，整体水平高于中部和西部。中部地区虽然在制造业集聚指数上高于西部地区，但是由于生产性服务业的发展相对滞后，因此，整体水平与西部地区相差不大。

（3）东中西部地区生产性服务业集聚度的变化趋势略有不同。东部地区生产性服务业区位熵指数整体呈下降趋势，仅在 2009 年和 2012 年略有上升。中部地区和西部地区整体变化是先降后升再降的过程，呈现反 N 形变化趋势。但是西部地区的变化幅度明显大于中部地区。中部地区随着制造业集聚的发展，生产性服务业的集聚水平稳步提升，而西部地区得益于国家政策的倾斜，在较低水平发展基础上出现了较大幅度的提升。

3. 空间异质性视角下生产性服务业集聚特征分析

空间异质性是影响产业集聚的重要因素，下面重点分析人口规模异质性、地理区位异质性、行政等级异质性视角下生产性服务业集聚特征。

（1）人口规模异质性城市生产性服务业集聚特征分析。根据上节城市人口规模的分类标准，不同城市人口规模的生产性服务业集聚具体测算结果如表 4-8 和图 4-10 所示。

表 4-8 2004～2016 年人口规模异质性城市生产性服务业产业集聚度变化情况

年份	500 万人以下		500 万～1000 万人		1000 万人以上	
	城市数（个）	区位熵均值	城市数（个）	区位熵均值	城市数（个）	区位熵均值
2004	195	0.81	77	0.87	8	1.09
2005	194	0.80	78	0.86	8	1.10
2006	193	0.79	79	0.86	8	1.19
2007	188	0.79	84	0.84	8	1.20
2008	187	0.78	85	0.83	8	1.18
2009	185	0.79	86	0.81	9	1.11
2010	183	0.77	88	0.82	9	1.13

续表

时间	500 万人以下		500 万~1000 万人		1000 万人以上	
	城市数（个）	区位熵均值	城市数（个）	区位熵均值	城市数（个）	区位熵均值
2011	178	0.78	92	0.84	10	1.07
2012	178	0.78	91	0.83	11	1.07
2013	178	0.76	90	0.81	12	1.18
2014	178	0.76	89	0.81	13	1.16
2015	176	0.76	90	0.80	14	1.12
2016	177	0.76	89	0.80	14	1.12
平均值	184	0.78	86	0.83	10	1.13

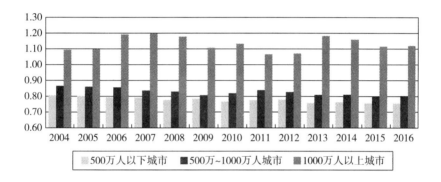

图 4 – 10　2004~2016 年人口规模异质性城市生产性服务业集聚度对比情况

1）超大型城市生产性服务业集聚程度最高。2004~2016 年，人口在 1000 万以上的超大城市生产性服务业区位熵整体水平最大，平均值为 1.13，远高于特大城市与大型城市；人口为 500 万~1000 万的特大城市其次，平均值为 0.83；最低的是人口在 500 万以下的大型城市，平均值为 0.78。因为超大型城市具有极强的生产要素吸纳能力，制造业基础较好，生产性服务业快速发展，整体水平高于特大型城市和大型城市，而城市规模越小的城市生产性服务业集聚水平越低。

2）超大型城市生产性服务业集聚度变化幅度最大。从时间维度来看，2004~2016 年，区位熵波动最大的是超大型城市，最大值为 1.2、最小值

077

为 1.07，两者相差 12.15%；特大型城市最大值为 0.87、最小值为 0.81，
两者相差 7.41%；大型城市最大值为 0.81、最小值为 0.74，两者相差
9.46%。特大型城市的变化幅度最小，可见特大型城市的生产性服务业整
体处于平稳发展阶段。

（2）地理区位异质性城市生产性服务业集聚特征分析。考察 51 个沿
海城市和 229 个内陆城市生产性服务业集聚特征情况如附表 3 所示，根据
式（4-1）的测算，具体计算结果如表 4-9 所示。

表 4-9　2004~2016 年地理区位异质性城市生产性服务业集聚度对比情况

年份	沿海城市生产性 服务业区位熵均值	内陆城市生产性 服务业区位熵均值	两者差距（%）
2004	0.91	0.81	12
2005	0.89	0.81	10
2006	0.89	0.81	11
2007	0.88	0.80	10
2008	0.88	0.79	11
2009	0.86	0.79	9
2010	0.86	0.78	10
2011	0.86	0.80	8
2012	0.86	0.80	8
2013	0.84	0.78	7
2014	0.83	0.79	5
2015	0.83	0.78	7
2016	0.84	0.78	8

1）沿海城市生产性服务业集聚水平高于内陆城市平均值。2004~
2016 年，沿海城市生产性服务业区位熵指数均值为 0.87，而全国均值为
0.79，前者比后者高出 9%。在中国长期实施非平衡增长政策的影响下，
沿海城市受益于政策的倾斜，产业发展基础较好，伴随着制造业的快速发
展，作为配套服务的生产性服务业，其规模和集聚度要高于内陆城市（见
图 4-11）。

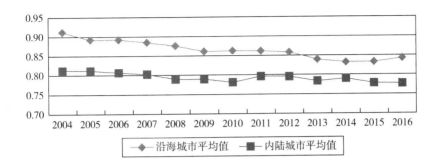

图 4 - 11 2004 ~ 2016 年地理区位异质性城市生产性服务业集聚度变化情况

2）沿海城市生产性服务业集聚水平与内陆城市差距在逐步缩小。2004 年沿海城市生产性服务业区位熵指数为 0.91，而内陆城市为 0.81，前者比后者高出 12%，但是到 2016 年前者为 0.84，后者为 0.78，两者相差只有 8%，两者整体差距在缩小。随着制造业的部分转移，尤其是近年东部地区产业向中、西部地区转移，生产性服务业的配套发展慢慢提升，整体上沿海城市与内陆城市的差距在缩小（见图 4 - 12）。

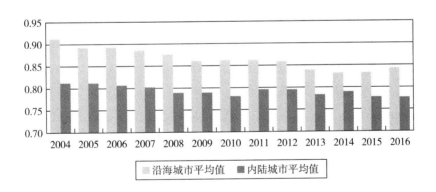

图 4 - 12 2004 ~ 2016 年地理区位异质性城市生产性服务业集聚度对比情况

（3）行政等级异质性视角下生产性服务业集聚特征分析。根据式（4 - 1）的计算，全国 32 个高行政等级城市生产性服务业产业集聚度计算结果如表 4 - 10 所示。

表 4 - 10 2004～2016 年 32 个高行政等级城市生产性
服务业产业集聚度时序变化情况

年份\城市	2004	2005	2006	2007	2008	2009	2010	2011	2012	2013	2014	2015	2016
北京	1.88	1.81	2.45	2.58	2.63	2.62	2.67	2.73	2.81	2.75	2.77	2.75	2.72
天津	1.17	1.21	1.20	1.23	1.26	1.22	1.21	0.92	1.03	1.01	1.05	1.18	1.29
石家庄	1.05	1.07	1.14	1.14	1.15	1.20	1.19	1.32	1.32	1.46	1.54	1.52	1.49
太原	1.17	1.28	1.37	1.46	1.39	1.36	1.34	1.33	1.23	1.08	1.66	1.68	1.58
呼和浩特	1.59	1.32	1.43	1.46	1.50	1.59	1.48	1.55	1.48	1.69	1.66	1.57	1.48
沈阳	1.53	1.54	1.72	1.78	1.68	1.65	1.65	1.78	1.67	1.32	1.29	1.27	1.33
大连	1.30	1.24	1.28	1.19	1.26	1.15	1.22	1.25	1.29	1.23	1.35	1.47	1.50
长春	1.23	1.06	1.16	1.19	1.21	1.21	1.22	1.49	1.30	1.45	1.13	1.14	1.13	1.12
哈尔滨	1.01	0.98	0.99	1.04	1.04	1.12	1.30	1.46	1.35	1.74	1.40	1.44	1.50
上海	1.73	1.69	1.93	1.87	1.86	1.89	1.96	1.63	1.45	2.43	2.02	2.01	1.97
南京	1.43	1.47	1.46	1.45	1.37	1.23	1.28	1.30	1.37	1.49	1.52	1.60	1.57
杭州	1.47	1.38	1.34	1.25	1.17	1.15	1.18	1.21	1.28	1.24	1.22	1.23	1.34
宁波	1.01	0.92	0.84	0.86	0.86	0.83	0.88	0.85	0.94	0.92	0.94	0.96	0.97
合肥	1.50	1.46	1.41	1.41	1.37	1.18	1.15	1.06	0.99	0.89	0.89	0.94	0.96
福州	0.86	0.84	0.87	0.86	1.07	1.13	1.17	0.80	0.74	0.94	0.87	0.87	0.86
厦门	0.66	0.65	0.67	0.68	0.82	0.68	0.68	0.62	0.68	0.75	0.87	0.89	0.86
南昌	1.24	1.45	1.53	1.42	1.36	1.33	1.36	1.02	1.05	1.03	0.80	0.72	0.73
济南	1.08	1.02	1.01	1.09	1.11	1.19	1.21	1.28	1.30	1.29	1.35	1.41	1.45
青岛	0.78	0.77	0.73	0.78	0.79	0.82	0.81	0.81	0.81	0.90	0.92	0.92	0.92
郑州	0.97	0.97	0.97	0.92	0.93	0.91	0.87	0.81	0.77	0.80	0.87	0.90	1.03
武汉	1.12	1.31	1.46	1.27	1.21	1.23	1.21	1.24	1.21	1.02	1.05	1.06	1.05
长沙	1.18	1.08	1.08	1.01	0.97	0.99	1.01	1.11	1.20	1.16	1.17	1.10	1.16
广州	1.50	1.58	1.58	1.52	1.53	1.54	1.54	1.44	1.44	1.90	1.90	1.81	1.86
深圳	1.13	1.34	1.32	1.38	1.38	1.35	1.41	1.57	1.67	1.16	1.22	1.29	1.32
南宁	1.30	1.42	1.44	1.42	1.43	1.48	1.25	1.62	1.59	1.32	1.33	1.28	1.15
重庆	1.08	1.06	1.01	1.05	1.05	1.01	1.01	0.88	0.90	1.02	1.04	1.00	0.98
成都	1.13	1.19	1.24	1.19	1.13	1.09	0.90	0.90	0.91	1.20	1.36	1.41	1.44
贵阳	0.99	0.79	0.80	0.87	0.93	0.97	0.90	0.91	0.79	0.95	1.14	1.13	1.10

续表

年份 城市	2004	2005	2006	2007	2008	2009	2010	2011	2012	2013	2014	2015	2016
昆明	1.61	1.59	1.59	1.50	1.49	1.52	1.44	1.40	1.35	1.41	1.48	1.35	1.34
西安	1.42	1.41	1.46	1.42	1.40	1.56	1.59	1.66	1.72	1.93	1.80	1.80	1.82
兰州	1.44	1.54	1.35	1.33	1.15	1.18	1.13	1.17	1.20	1.17	1.17	1.13	1.16
银川	0.94	0.96	1.05	1.11	1.11	1.11	1.17	1.27	1.29	1.32	1.22	1.20	1.20
平均值	1.24	1.23	1.28	1.27	1.27	1.27	1.27	1.26	1.26	1.30	1.31	1.31	1.32

1）高行政等级城市生产性服务业区位熵整体呈梯度上升趋势（见图4-13）。由图可见，高行政等级城市在产业结构调整以及转型升级过程中，对生产性服务业的重视以及培育取得了良好的成效，同时，高行政等级城市越来越多地承担知识和技术较为密集的生产性服务业，为制造业发展提供配套服务，不同城市的分工开始差异明显。虽然低行政等级城市制造业集聚度缓慢提升，但是生产性服务业集聚并没有同步上升，反而相比之下略有下降，说明低行政等级城市在产业集聚发展过程中，对生产性服务业配套发展的重视程度有待提升。现实发展中，集团公司或者大型制造企业研发设计中心，部分销售中心更多地布局在高行政等级城市，而制造环节则更多地布局在低行政等级城市。

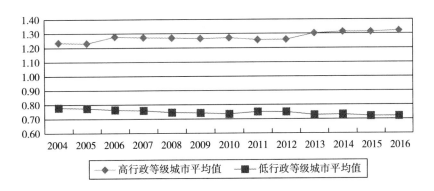

图4-13　2004~2016年行政等级异质性城市生产性服务业集聚度变化情况

2）高行政等级城市生产性服务业集聚度与低行政等级城市的差距在扩大（见图4－14）。2004年高行政等级城市均值为1.24，全国均值为0.78，前者比后者高出约59%。2016年两者的指数变为1.32和0.72，两者的差距为83%。一方面，这是"十二五"时期以来，国家对生产性服务业大力推进的政策使然，高行政等级城市作为人力、知识、技术、资本集聚的核心城市，生产性服务业的集聚程度走在全国前列；另一方面，随着国内经济发展形势的变化，高行政等级城市对产业结构的优化调整，制造业开始向周边城市转移，生产性服务业集聚力度更强。低行政等级城市在承接产业转移中提高了制造业的集聚度，但对生产性服务业的重视和关注有待提高，同时由于生产性服务业并未出现大规模转移的倾向，自身培育和发展难度较大，从而造成两者之间的差距越来越大。

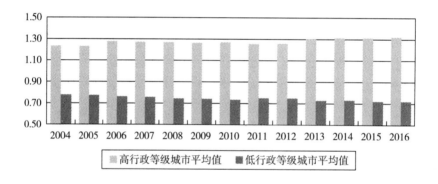

图4－14　2004～2016年行政等级异质性城市生产性服务业集聚度对比情况

（四）制造业与生产性服务业协同集聚测度结果和特征分析

1. 制造业与生产性服务业协同集聚的时序特征分析

根据式（4－5）的计算结果，2004～2016年，全国280个城市制造业与生产性服务业协同集聚指数的平均水平总体呈下降趋势，从2004年的2.49下降到2016年的2.35，降幅达到6%（见表4－11和图4－15）。

表 4－11 2004～2016 年制造业与生产性服务业协同集聚度时序变化情况

年份	产业协同集聚指数平均值	年份	产业协同集聚指数平均值
2004	2.49	2011	2.37
2005	2.46	2012	2.37
2006	2.43	2013	2.37
2007	2.41	2014	2.37
2008	2.39	2015	2.36
2009	2.39	2016	2.35
2010	2.37		

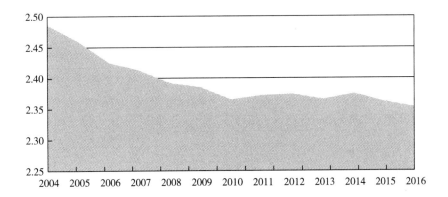

图 4－15 2004～2016 年制造业与生产性服务业协同集聚度时序变化情况

2. 制造业与生产性服务业协同集聚的区域特征分析

根据式（4－5）的计算，考虑研究样本区域的特征和 280 个城市的制造业与生产性服务业协同集聚的实际情况，测算结果如表 4－12 和图 4－16 所示。

表 4－12 2004～2016 年东、中、西部制造业与生产性服务业协同集聚度变化情况

年份	东部均值	中部均值	西部均值
2004	2.79	2.42	2.26
2005	2.79	2.36	2.25

续表

年份	东部均值	中部均值	西部均值
2006	2.77	2.32	2.21
2007	2.77	2.31	2.19
2008	2.77	2.28	2.15
2009	2.76	2.26	2.17
2010	2.74	2.25	2.13
2011	2.73	2.27	2.14
2012	2.75	2.26	2.14
2013	2.65	2.30	2.15
2014	2.66	2.33	2.14
2015	2.65	2.31	2.13
2016	2.65	2.31	2.09
均值	2.73	2.31	2.17

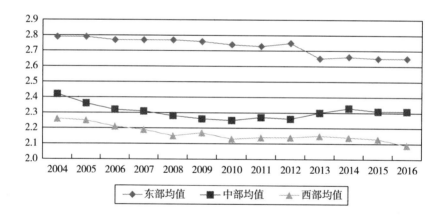

图4-16 2004~2016年东、中、西部制造业与生产性服务业协同集聚度变化情况

（1）东部地区城市产业协同集聚指数整体最高。从测算结果来看，东部地区的产业协同指数比中部与西部均要高，2004~2016年，东部地区的均值为2.73，而中部和西部地区分别为2.31和2.17，高出18%和26%。东部城市的制造业集聚均值基本在1.0以上，生产性服务集聚均值在0.8，而制造业与生产性服务业的集聚水平与全国水平相比都高于中部和西部地

区，同时两个产业的协调发展程度相对较高，两个产业的协调质量和水平均高于中部和西部地区。

（2）中部地区城市产业协同集聚指数与东部城市差距缩小。从整个变化趋势来看，中部地区呈 N 形变化，东部地区则整体下降趋势更为明显。2012 年以前，中部与东部地区的差距有扩大趋势，但是 2012 年以后，东部城市由于产业转型升级以及生产性服务业的大力发展，未来产业协同集聚指数的下降会放缓，而中部地区由于产业结构开始优化，可能仍有一段时间产业协同集聚指数处于较高水平，中部地区与东部地区的差距呈现缩小趋势。

（3）西部地区城市产业协同集聚指数与中部城市差距扩大。2004～2012 年，西部地区与中部地区的协同集聚指数差距不大，但是与东部地区的差距较大，但是 2012 年以后，西部与中部地区的差距开始扩大。西部地区制造业和生产性服务业的集聚水平相比中部地区略低，同时两个产业之间的协调性略差。

3. 空间异质性视角下产业协同集聚指数特征分析

城市空间异质性是影响产业集聚的重要因素，下面重点分析人口规模异质性、地理区位异质性、行政等级异质性视角下的制造业与生产性服务业协同集聚特征。

（1）人口规模异质性城市制造业与生产性服务业协同集聚特征分析。根据上节城市人口规模的分类标准，不同人口规模城市制造业与生产性服务业协同集聚具体测算结果如表 4－13 和图 4－17 所示。

表 4－13　2004～2016 年人口规模异质性城市制造业与生产性

服务业协同集聚度变化情况

年份	500 万人以下		500 万～1000 万人以下		1000 万人以上	
	城市数（个）	区位熵均值	城市数（个）	区位熵均值	城市数（个）	区位熵均值
2004	195	2.44	77	2.58	8	2.81
2005	194	2.40	78	2.57	8	2.77

续表

年份	500万人以下		500万~1000万人以下		1000万人以上	
	城市数（个）	区位熵均值	城市数（个）	区位熵均值	城市数（个）	区位熵均值
2006	193	2.36	79	2.53	8	2.86
2007	188	2.35	84	2.50	8	2.87
2008	187	2.33	85	2.49	8	2.84
2009	185	2.33	86	2.48	9	2.63
2010	183	2.30	88	2.47	9	2.70
2011	178	2.30	92	2.48	10	2.67
2012	178	2.30	91	2.49	11	2.72
2013	178	2.29	90	2.45	12	2.83
2014	178	2.30	89	2.47	13	2.74
2015	176	2.28	90	2.46	14	2.74
2016	177	2.27	89	2.46	14	2.75
平均值	186	2.33	86	2.49	10	2.76

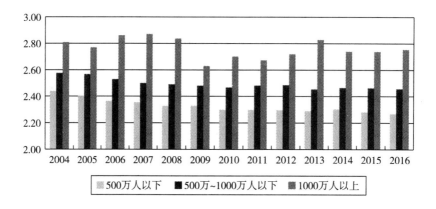

图 4 - 17　2004～2016 年人口规模异质性城市制造业与

生产性服务业协同集聚度对比情况

1）城市人口规模越大，产业协同集聚指数越高。从测算结果来看，人口在 1000 万以上的超大城市整体水平高于人口为 500 万～1000 万的特大城市与 500 万以下的大城市。超大城市的均值为 2.76、特大城市的均值为 2.49、大城市的均值为 2.33。因为超大城市的产业基础、生产要素集聚能力都较强，因此，不管是制造业还是生产性服务业的发展均处于较高水平（部分特殊城市除外，如北京），产业协同集聚指数较高，而人口规模较小的城市发展往往不均衡，制造业集聚与生产性服务业集聚指数都偏低。

2）不同人口规模城市的产业协同指数变化趋势不同。超大城市协同集聚指数呈现 N 形变化，协同集聚指数在 2004～2008 年上升，2009～2012 年基本呈现下降趋势，2012～2016 年呈现上升趋势。2004～2008 年，超大城市处于制造业蓬勃发展阶段，造成整体协同指数偏高。2009～2012 年，由于超大城市土地成本、环境容量问题，面临转型升级，此阶段制造业开始外迁，生产性服务业还未发展壮大，造成转轨时期略微下降。2012 年以后，大部分超大城市的生产性服务业已初步形成规模，造成协同集聚指数整体上升。特大城市和大城总体都呈现下降趋势，由于人口规模偏小，产业集聚整体水平较低，其中有大部分城市侧重在制造业单一产业的发展。虽然近年开始关注生产性服务业发展，但整体集聚水平较弱，创新能力不足，产业协同集聚效应还未体现。当然两者也有差别，特大城市在各方面的基础条件，包括产业集聚基础、人口资源优势等方面都高于大城市，所以整体协同集聚水平明显高于大城市。

（2）地理区位异质性城市制造业与生产性服务业协同集聚特征分析。考察 51 个沿海城市和 229 个内陆城市制造业与生产性服务业协同集聚指数特征情况如附表 4 所示，根据式（4－5）的测算，具体计算结果如表 4－14 所示。

表 4－14　2004～2016 年地理区位异质性城市制造业与
生产性服务业协同集聚度对比情况

年份	沿海城市制造业与生产性服务业协同集聚指数	内陆城市制造业与生产性服务业协同集聚指数	两者差距（%）
2004	2.84	2.41	18
2005	2.83	2.38	19
2006	2.81	2.34	20

续表

年份	沿海城市制造业与生产性服务业协同集聚指数	内陆城市制造业与生产性服务业协同集聚指数	两者差距（%）
2007	2.81	2.32	21
2008	2.81	2.30	22
2009	2.80	2.29	22
2010	2.79	2.27	23
2011	2.80	2.28	23
2012	2.83	2.27	25
2013	2.73	2.29	19
2014	2.72	2.30	18
2015	2.71	2.28	19
2016	2.72	2.27	20

1）沿海和内陆城市产业协同集聚指数整体呈下降趋势（见图4-18）。2004~2010年，沿海和内陆城市的协同集聚指数逐年下降，2011~2012年略有上升，2012年后沿海城市下降幅度较大，内陆城市则在2012~2014年有所上升，2014年以后才略有下降，两类城市协同集聚指数变化局部时间段是非一致的。沿海城市在研究期间，制造业区位熵指数略有波动，但整体幅度较小，基本在1.21~1.27。而生产性服务业则一直处于下降趋势，区位熵指数在0.91~0.84，幅度不大，两者产业集聚水平都略有下降，但是协调程度较好，因此制造业与生产性服务业协同集聚指数有所下降，但是整体下降幅度不大。

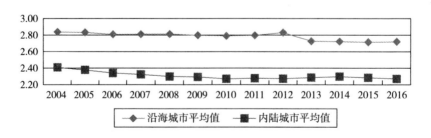

图4-18　2004~2016年地理区位异质性城市制造业与
生产性服务业协同集聚度变化情况

2）沿海城市产业协同集聚指数远高于内陆城市平均水平（见图 4 - 19）。对于沿海城市来说，不管是制造业，还是生产性服务业，集聚程度在全国均处于较高水平。而内陆城市不管是制造业还是生产性服务业集聚程度上都小于沿海城市，协同集聚的深度与沿海城市差距较大。从协同集聚的质量上讲，内陆城市生产性服务业与制造业的协同匹配程度比沿海城市更差。因此，对于包含产业集聚协同质量和深度的协同集聚指数，沿海城市远高于内陆城市。

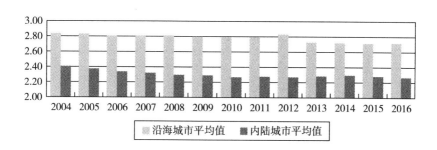

图 4 - 19　2004～2016 年地理区位异质性城市制造业与
生产性服务业协同集聚度对比情况

（3）高行政等级城市制造业与生产性服务业协同集聚指数特征分析。根据式（4 - 5）的计算，全国 32 个高行政等级城市制造业与生产性服务业协同集聚指数计算结果如表 4 - 15 所示。

表 4 - 15　2004～2016 年高行政等级城市制造业与生产性服务业
协同集聚度时序变化情况

年份\城市	2004	2005	2006	2007	2008	2009	2010	2011	2012	2013	2014	2015	2016
北京	3.00	2.92	3.52	3.59	3.55	3.51	3.53	3.58	3.63	3.48	3.49	3.41	3.34
天津	3.48	3.53	3.49	3.48	3.46	3.45	3.44	3.13	3.29	3.20	3.26	3.41	3.45
石家庄	3.16	3.16	3.13	3.08	3.05	3.03	3.01	3.00	2.88	2.95	3.02	3.01	2.97

续表

年份 城市	2004	2005	2006	2007	2008	2009	2010	2011	2012	2013	2014	2015	2016
太原	3.14	3.14	3.23	3.24	3.15	3.09	3.18	3.06	2.85	2.57	2.84	2.85	2.87
呼和浩特	2.89	2.85	2.79	2.74	2.70	2.72	2.70	2.75	2.68	2.39	2.53	2.47	2.37
沈阳	3.40	3.38	3.38	3.39	3.40	3.42	3.31	3.32	3.29	2.83	2.76	2.69	2.74
大连	3.74	3.68	3.70	3.59	3.65	3.52	3.60	3.63	3.65	3.54	3.70	3.68	3.70
长春	3.30	3.05	3.12	3.09	3.13	3.14	3.67	3.21	3.22	3.13	3.14	3.10	3.10
哈尔滨	3.19	3.07	3.05	3.09	3.08	3.12	2.94	2.87	2.70	3.00	2.74	2.67	2.69
上海	3.87	3.63	3.88	3.96	3.95	3.94	3.95	3.76	3.76	4.17	3.66	3.61	3.64
南京	3.51	3.56	3.62	3.57	3.55	3.48	3.56	3.59	3.56	3.12	3.03	3.13	3.06
杭州	3.43	3.60	3.62	3.57	3.42	3.33	3.25	3.12	3.12	2.88	2.82	2.81	2.85
宁波	3.09	2.97	2.96	3.03	3.11	3.07	3.15	3.17	3.28	3.17	3.20	3.22	3.22
合肥	3.21	3.17	3.10	3.11	3.09	2.77	2.85	2.84	2.73	2.58	2.70	2.71	2.71
福州	3.12	3.09	3.12	3.04	3.32	3.36	3.40	2.77	2.64	2.91	2.75	2.71	2.68
厦门	3.41	3.31	3.20	3.17	3.29	3.05	3.07	2.90	2.93	2.81	2.96	2.94	2.85
南昌	3.12	3.11	3.07	2.96	2.93	2.93	2.99	2.90	3.03	2.73	2.63	2.46	2.50
济南	3.17	2.86	2.84	2.81	2.82	2.80	2.83	2.82	2.91	2.72	2.74	2.87	2.86
青岛	3.33	3.30	3.26	3.27	3.28	3.31	3.25	3.23	3.24	3.20	3.22	3.20	3.18
郑州	2.57	2.57	2.50	2.43	2.37	2.41	2.36	2.68	2.74	2.78	2.90	2.95	3.13
武汉	3.29	3.14	3.19	2.96	2.96	3.00	3.05	2.98	3.00	2.81	2.83	2.82	2.81
长沙	2.75	2.73	2.68	2.67	2.66	2.82	2.91	3.09	3.13	3.01	3.07	3.00	2.88
广州	3.68	3.67	3.65	3.69	3.69	3.66	3.64	3.63	3.59	3.57	3.51	3.38	3.36
深圳	3.64	3.84	3.82	3.86	3.86	3.89	3.98	4.12	4.17	3.76	3.89	3.94	3.94
南宁	2.68	2.68	2.64	2.68	2.70	2.79	2.66	2.86	2.96	2.43	2.36	2.25	2.16
重庆	2.86	2.83	2.71	2.71	2.68	2.68	2.67	2.67	2.68	2.59	2.62	2.63	2.69
成都	2.95	2.91	2.90	2.80	2.90	2.88	2.78	2.84	2.83	3.39	2.84	3.78	3.68
贵阳	2.99	2.61	2.62	2.64	2.67	2.60	2.50	2.64	2.50	2.31	2.34	2.29	2.20
昆明	3.19	3.07	2.98	2.90	2.83	2.84	2.84	2.69	2.59	2.50	2.41	2.38	2.31
西安	3.67	3.59	3.52	3.44	3.48	3.45	3.39	3.36	3.40	3.22	3.13	3.18	3.21
兰州	3.22	3.31	3.07	3.04	2.91	2.89	2.80	2.64	2.77	2.48	2.40	2.35	2.32
银川	2.35	2.26	2.23	2.33	2.34	2.29	2.32	2.34	2.26	2.30	2.75	2.75	2.49
平均值	3.20	3.14	3.14	3.12	3.12	3.10	3.11	3.07	3.06	2.95	2.95	2.96	2.94

1）高、低行政等级城市产业协同集聚度均逐年下降（见图4-20）。2004年高行政等级城市均值在3.20，到2016年则为2.94，下降幅度超过全国平均水平。2012年以前高行政等级城市产业协同集聚指数普遍处于较高水平，基本在3.0以上，2012年以后均值下降略大。2012年以前高行政等级城市的制造业和生产性服务业处于高速发展相对平衡阶段，因此，产业协同指数偏高，2012年以后高行政等级城市产业结构调整与优化升级的成果开始显现，制造业向周边城市转移，生产性服务业占主要地位，两者不平衡越来越凸显。因此，高行政等级城市由于制造业集聚的下降过快，以及生产性服务业的提升幅度比不上制造业下降的幅度，两者协同集聚指数略有下降。低行政等级城市则由于大力承接制造业转移，集聚指数提升，但是生产性服务业发展严重落后，造成两者的协同发展不匹配，因此低行政等级城市的制造业与生产性服务业协同集聚指数也呈下降趋势。

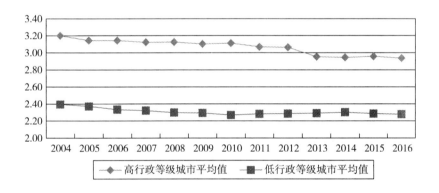

图4-20　2004~2016年行政等级异质性城市制造业与

生产性服务业协同集聚度变化情况

2）不同行政等级城市协同集聚指数发展不均衡（见图4-21）。高行政等级城市产业协同集聚指数普遍高于低行政等级城市，但是也有例外，其中最明显的是北京市。北京市作为全国的政治文化中心，制造业基本外迁，生产性服务业集聚度是全国最高的，因此，产业协同指数低于全国平均水平。除北京外，呼和浩特、南宁、昆明、银川这几个高行政等级城市的产业协同集聚指数偏低，其普遍特点均是制造业集聚指数偏低，导致整个产业协同集聚指数不高。2012年以后，高行政等级城市的平均水平与低行政等级城市差距相对缩小。在高行政等级城市在科技研发、总部经济等生产性服务业大力发展的趋势下，未来产业协同集聚指数有可能会进一步下降，与全国平均水平的差距可能会进一步缩小。

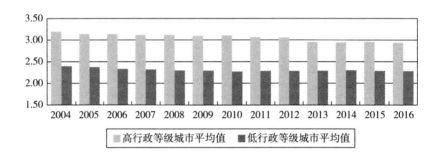

图4-21　2004～2016年行政等级异质性城市制造业与生产性
服务业协同集聚度对比情况

三、产业集聚的时空演化分析

（一）产业集聚的空间分异特征

1. 制造业集聚空间分异特征

根据式（4-1）的计算结果，考虑研究时间区间特征和280个城市制造业实际情况，研究选取了2004年、2008年、2012年、2016年的结果进行分析，并利用自然断点法分成四个区域类型，分别命名为高度区域、较高度区域、中度区域、低度区域。

从时间来看，2004 年全国范围内制造业高集聚及较高集聚区域分布较散，东、中、西部均有分布；到 2008 年制造业整体集聚水平有所提升，并呈现东部地区城市高于中西部地区；2012 年在研究范围内的城市中，制造业区位熵指数普遍达到较高水平，制造业较高区域向东部地区扩散，中部部分省份呈现增长态势；2016 年全国范围内集聚指数呈现下降趋势，制造业高集聚及较高集聚区域出现缩减，较低区域明显增多。

从空间变化来看，制造业区位熵指数最高的城市仍主要集中在沿海城市，较高的城市主要集中在中部地区，纵观研究期间，制造业区集聚中部地区的变化最明显。

2. 生产性服务业集聚空间分异特征

根据式（4-1）的计算结果，研究选取了 2004 年、2008 年、2012 年、2016 年生产性服务业集聚结果进行分析，并利用自然断点法分成四个区域类型，分别命名为高度区域、较高度区域、中度区域、低度区域。

从时间来看，2004 年全国范围内生产性服务业高集聚及较高集聚区域分布较散，东、中、西部均有分布，但是主要集聚于东部地区；到 2008 年生产性服务业整体集聚水平有所提升，但是中部地区呈现下降趋势，东部出现明显上升；2012 年在研究范围内的城市中，生产性服务业区位熵指数普遍达到较高水平，生产性服务业较高区域向东部地区扩散，中西部部分省份呈现增长态势；2016 年全国范围内集聚指数呈现下降趋势，尤其是东部地区和中部地区尤为明显。

从空间来看，生产性服务业区位熵指数最高的城市仍主要集中在沿海城市，较高的城市主要集中在中部地区，纵观研究期间，制造业集聚东部地区的变化最为明显。东部地区生产性服务业集聚指数高于中部和西部地区。东部地区生产性服务业区位熵的平均值为 0.83、中部地区为 0.79、西部地区为 0.80。东部地区由于产业结构的转型升级，"退二进三"趋势明显，生产性服务业发展迅速，整体水平高于中部和西部地区。中部地区虽然在制造业集聚指数上高于西部地区，但是由于生产性服务业的发展相对滞后，因此整体水平与西部地区相差不大。

3. 制造业与生产性服务业协同集聚空间分异特征

根据式（4-4）的计算结果，研究选取了2004年、2008年、2012年、2016年制造业与生产性服务业协同集聚结果进行分析，并利用自然断点法分成四个区域类型，分别命名为高度区域、较高度区域、中度区域、低度区域。

从时间来看，2004年全国范围内制造业与生产性服务业协同集聚高集聚及较高集聚区域主要分布在东部沿海地区，中西部地区也有涉及；到2008年制造业与生产性服务业协同集聚整体集聚水平有所下降，并呈现东部地区城市高于中西部地区城市；2012年在研究范围内的城市中，制造业与生产性服务业协同集聚指数东部在减少，中部部分省份呈现增长态势；2016年制造业与生产性服务业协同集聚指数呈现下降趋势，高集聚及较高集聚区域出现缩减，较低集聚区域明显增多。

从空间来看，东部地区城市产业协同集聚指数整体最高，2004~2016年的均值为2.73，而中部和西部地区分别为2.31和2.17，高出18%和26%。中部地区呈N形变化，2012年以前中部与东部地区的差距有扩大趋势，但2012年以后，东部城市由于产业转型升级以及生产性服务业的大力发展，未来产业协同集聚指数的下降，西部地区制造业和生产性服务业的集聚水平相比中部地区略低，同时两个产业之间的协调性略差。

（二）产业集聚的空间探索性分析

本节主要是基于新经济地理学与空间计量经济学的视角进行产业集聚的空间探索性分析。随着主流经济学对空间因素的深入研究后，学者在研究经济问题时不再假定样本数据相互独立，而是将空间因素纳入模型，使得分析结果更贴合现实。

Tobler等（1970）提出，所有事物都与其他事物相关联，但较近的事物比较远的事物更关联，这被称为"地理学第一定律"。之后众多学者结合这一规律，提出自己的观点。Ansnlin（1988）指出某个空间单元上的某种经济特征往往与其相近空间单元的这种经济特征相关。国内学者 2000 年以后开始较多使用空间计量方法研究经济问题。吴玉鸣和徐建华（2004）、蒲英霞等（2005）、张学良（2012）、于斌斌（2017）等分别利用空间计量方法研究城市化、基础设施与劳动生产率、经济增长等关系。

空间计量分析方法是基于空间权重矩阵 W 对传统的线性回归模型进行修正的研究方法。空间计量方法的前提条件是要检验主要研究变量的空间自相关性。常见的检验方法有 Moran's I 指数（莫兰指数）、Geary' C 指数（吉尔里指数）和 Getis - Ord 指数（G）。

1. 空间自相关检验指数

（1）Moran's I 指数。用于检验不同城市之间经济特征是否存在空间自相关性，具体的计算公式如下：

$$I = \frac{\sum_{i}^{n} \sum_{j \neq i}^{n} (x_i - \bar{x})(x_j - \bar{x})}{S^2 \sum_{i=1}^{n} \sum_{j \neq i}^{n} w_{ij}} \qquad (4-7)$$

其中，$S^2 = \frac{1}{n} \sum_{i=1}^{n} (x_j - \bar{x})$，$\bar{x} = \frac{1}{n} \sum_{i=1}^{n} x_i$。

在模型（4-2）中，i 和 j 表示城市 i 和城市 j，x_i，x_j 分别表示城市 i 和城市 j 的具体变量值，$\bar{x}$ 表示变量 x 的均值，w_{ij} 表示空间权重矩阵（度量城市 i 和城市 j 的距离），S^2 表示样本方差。

Moran's I 指数的取值在 [-1，1]。当 Moran's I > 0 时，表示相邻区域之间存在空间正相关，意思是高值与高值相邻，低值与低值相邻，取值越接近 1，表示正相关程度越强；当 Moran's I < 0 时，表示相邻区域之间存在空间负相关，意思是高值与低值相邻，低值与高值相邻，取值越接近 -1，表示负相关程度越强；当 Moran's I 取值接近于 0 时，表示相邻区域之间不相关，空间分布是随机的。即

$$Z(d) = \frac{\text{Moran's I} - E(I)}{\sqrt{\text{VAR}(I)}} \qquad (4-8)$$

其中，E（I）是 Moran's I 的期望值，VAR（I）是 Moran's I 的标

准差。

（2）Geary'C 指数。也称吉尔里相邻比率（Geary's Contiguity Ratio）。取值一般介于 [-2, 2]，Geary'C > 1 表示负相关，Geary'C = 1 表示不相关，Geary'C < 1 表示正相关，Geary'C 指数与 Moran's I 指数一般呈反向变动，前者比后者在局部空间自相关更为敏感。计算公式如下：

$$C = \frac{(n-1) \sum\limits_{i=1}^{n} \sum\limits_{j=1}^{n} w_{ij}(x_i - x_j)^2}{2 \left(\sum\limits_{i=1}^{n} \sum\limits_{j=1}^{n} w_{ij} \right) \left[\sum\limits_{i=1}^{n} (x_i - \bar{x})^2 \right]} \tag{4-9}$$

（3）Getis - Ord 指数。Geary'C 指数与 Moran's I 指数的共同缺点在于无法分别热点（Hot Spot）和冷点（Cold Spot）区域。热点区域是指高值与高值集聚的区域；冷点区域是指低值与低值集聚的区域，热点区域与冷点区域都表示正自相关（陈强，2018）。为弥补这一缺陷，Getis 和 Ord（1992）提出了 Getis - Ord 指数 G，计算公式如下：

$$G = \frac{\sum\limits_{i=1}^{n} \sum\limits_{j=1}^{n} w_{ij} x_i x_j}{\sum\limits_{i=1}^{n} \sum\limits_{j \neq i}^{n} x_i x_j} \tag{4-10}$$

其中，$E(G) = \dfrac{\sum\limits_{i=1}^{n} \sum\limits_{j \neq i}^{n} w_{ij}}{n(n-1)}$，如果 G 值大于此期望值，则表示存在热点地区；如果 G 值小于此期望值，则表示存在冷点地区。

需要指出的是，这三种空间自相关的检验指数仅仅提供是否存在空间效应的初步检验，深入检验还是需要依赖空间计量模型。相对来说，Moran's I 指数计算更为简便，由于其优越性，越来越广泛地被应用于经济活动中。

2. 全局空间自相关检验结果

（1）权重矩阵构建方法。进行空间计量分析的前提就是要度量地区之间的空间距离，有空间距离构成的矩阵就称为空间权重矩阵（用 W 表示）。在计算 Moran's I 指数前，需要选择合适的空间权重矩阵 W。

$$W = \begin{bmatrix} w_{11} & \cdots & w_{1n} \\ \vdots & \ddots & \vdots \\ w_{1n} & \cdots & w_{nn} \end{bmatrix}$$

其中，主对角线上元素为0(同一区域的距离为零)。

构建权重矩阵的常见方法有三种。

第一种，根据地理距离的倒数来设定空间权重矩阵，两个城市之间的地理距离越近，则权重越大；地理距离越远，则权重越小。定义如下：

$$W_{ij} = \begin{cases} \dfrac{1}{D_{ij}}, & i \neq j \\ 0, & i = j \end{cases} \qquad (4-11)$$

第二种，根据两个地区之间空间是否相邻来设定0与1的权重矩阵，如果区域i与区域j相邻，则$w_{ij}=1$，反之则$w_{ij}=0$。相邻的定义可以是共用一个边界或一个顶点，具体有车相邻、象相邻、后相邻三种情形(陈强，2018)。如图4-22所示。

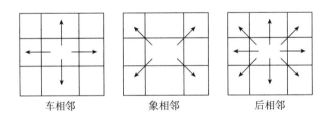

车相邻　　　　　　象相邻　　　　　　后相邻

图4-22　车相邻、象相邻与后相邻

第三种，根据经济距离的倒数来设定空间权重矩阵。经济距离可以用多种指标衡量，现有文献中用两个地区人均生产总值等差距来表示，如人均地区生产总值差距越小，表示两个区域的经济发展水平越接近，空间权重则越大；反之，人均地区生产总值差距越大，则表示两个地区经济发展水平差距越大，则空间权重越小。定义如下：

$$W_{ij} = \begin{cases} \dfrac{1}{|\bar{i}_i - \bar{i}_j|}, & i \neq j \\ 0, & i = j \end{cases} \tag{4-12}$$

以上三种没有优劣之分，一般根据研究问题来选择合适的权重矩阵。本书采用第二种方法，用不同区域之间的相邻关系来设定空间权重矩阵。

（2）结果分析。空间自相关计算分两种：一是看趋势和变化，分别对每年的数据进行全局自相关检验；二是看整体情况，用面板数据测算空间自相关情况。第一种的具体方法前文已经论述，第二种方法还没有直接的 Stata 命令，可借鉴 Arbia（2004）、何江和张鑫之（2006）、沈利生（2007）、李婧等（2010）、周国富和连飞等（2010）等国内外学者采取的办法。主要做法是用分块对角矩阵 $I_T \otimes W$（I_T 为 $T \otimes T$ 单位矩阵，如式（4-4）替换 Moran's I 指数中用到的空间权重矩阵 W，将其扩展并应用于面板数据空间自相关检验，即是将面板数据作为一个"大截面"数据来测度。

$$I_T \otimes W = \begin{bmatrix} W & \cdots & O \\ \vdots & \ddots & \vdots \\ O & \cdots & W \end{bmatrix} \tag{4-13}$$

根据 Moran's I 指数计算中国 280 个城市 2004～2016 年经济特征指标的结果如下：

1）经济增长空间相关性检验。从表 4-16 和图 4-23 可以看出，2004～2016 年 280 个城市的人均 GDP 的 Moran's I 指数均在 1% 水平上通过显著性检验，系数符号为正，充分说明城市之间的经济增长存在强烈的正空间溢出效应，即经济增长高的城市与经济增长高的城市聚集在一起，而经济增长低的城市与经济增长低的城市聚集在一起。

表 4-16　全国 280 个城市经济增长（表征指标人均 GDP）空间相关性检验

年份	Moran's I	E(I)	Sd(I)	Z	P - value*
2004	0.519	-0.004	0.035	14.826	0.000

续表

年份	Moran's I	E(I)	Sd(I)	Z	P – value*
2005	0.416	– 0.004	0.035	11.852	0.000
2006	0.422	– 0.004	0.035	12.014	0.000
2007	0.423	– 0.004	0.035	12.051	0.000
2008	0.406	– 0.004	0.035	11.573	0.000
2009	0.403	– 0.004	0.035	11.510	0.000
2010	0.392	– 0.004	0.035	11.235	0.000
2011	0.371	– 0.004	0.035	10.573	0.000
2012	0.361	– 0.004	0.035	10.291	0.000
2013	0.375	– 0.004	0.035	10.668	0.000
2014	0.376	– 0.004	0.035	10.716	0.000
2015	0.399	– 0.004	0.035	11.345	0.000
2016	0.394	– 0.004	0.035	11.214	0.000

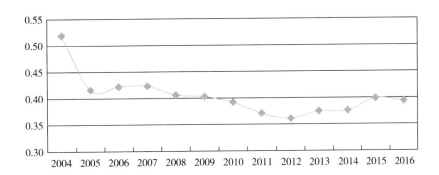

图 4 – 23 2004 ~ 2016 年人均 GDP Moran's I 指数变化情况

2) 产业集聚空间相关性检验。根据本书的研究对象，运用 Moran's I 指数检验制造业集聚、生产性服务业集聚、制造业与生产性服务业协同集聚三个变量的空间溢出效应(见表 4 – 17 至表 4 – 19 和图 4 – 24)。

表 4 – 17　280 个城市制造业集聚（magg）空间相关性检验结果

年份	Moran's I	E(I)	Sd(I)	Z	P – value*
2004	0.307	– 0.004	0.036	8.726	0.000
2005	0.339	– 0.004	0.036	9.630	0.000
2006	0.361	– 0.004	0.036	10.225	0.000
2007	0.391	– 0.004	0.036	11.067	0.000
2008	0.388	– 0.004	0.036	10.985	0.000
2009	0.375	– 0.004	0.036	10.633	0.000
2010	0.382	– 0.004	0.036	10.804	0.000
2011	0.375	– 0.004	0.036	10.636	0.000
2012	0.404	– 0.004	0.036	11.445	0.000
2013	0.447	– 0.004	0.036	12.665	0.000
2014	0.447	– 0.004	0.036	12.675	0.000
2015	0.446	– 0.004	0.036	12.632	0.000
2016	0.447	– 0.004	0.036	11.214	0.000

表 4 – 18　280 个城市生产性服务业集聚（sagg）空间相关性检验结果

年份	Moran's I	E(I)	Sd(I)	Z	P – value*
2004	0.026	– 0.004	0.036	0.823	0.411
2005	0.026	– 0.004	0.036	0.835	0.404
2006	0.036	– 0.004	0.035	1.117	0.264
2007	0.054	– 0.004	0.035	1.633	0.103
2008	0.063	– 0.004	0.035	1.883	0.060
2009	0.049	– 0.004	0.035	1.493	0.135
2010	0.070	– 0.004	0.035	2.071	0.038
2011	0.081	– 0.004	0.035	2.390	0.017
2012	0.076	– 0.004	0.035	2.270	0.023
2013	0.056	– 0.004	0.035	1.690	0.091
2014	0.052	– 0.004	0.035	1.567	0.117
2015	0.067	– 0.004	0.035	2.013	0.044
2016	0.084	– 0.004	0.035	2.479	0.013

表4-19　280个城市制造业与生产性服务业协同集聚(coagg)
空间相关性检验结果

年份	Moran's I	E(I)	Sd(I)	Z	P-value*
2004	0.298	-0.004	0.036	8.451	0.000
2005	0.322	-0.004	0.036	9.113	0.000
2006	0.312	-0.004	0.036	8.834	0.000
2007	0.328	-0.004	0.036	9.296	0.000
2008	0.337	-0.004	0.036	9.534	0.000
2009	0.327	-0.004	0.036	9.269	0.000
2010	0.316	-0.004	0.036	8.961	0.000
2011	0.341	-0.004	0.036	9.659	0.000
2012	0.352	-0.004	0.036	9.956	0.000
2013	0.315	-0.004	0.036	8.928	0.000
2014	0.330	-0.004	0.036	9.354	0.000
2015	0.318	-0.004	0.036	9.031	0.000
2016	0.338	-0.004	0.036	9.584	0.000

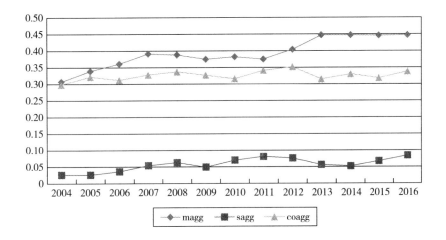

图4-24　2004~2016年制造业集聚、生产性服务业集聚、制造业与
生产性服务业协同集聚 Moran's I 指数变化情况

从 Moran's I 指数的检验结果看，制造业集聚指数、制造业与生产性
服务业协同集聚指数的全部，以及生产性服务业集聚指数的大部分均在
1%水平上通过显著性检验，表明城市之间的三种集聚存在强烈正空间溢

出效应，即制造业集聚度、生产性服务业集聚、协同集聚度高的城市与制造业集聚度、生产性服务业集聚、协同集聚度高的城市聚集在一起，而制造业集聚度、生产性服务业集聚、协同集聚度低的城市与制造业集聚度、生产性服务业集聚、协同集聚度低的城市聚集在一起。

从 Moran's I 指数的变化趋势看，制造业集聚、生产性服务业集聚、制造业与生产性服务业协同集聚在 2004~2016 年呈现上升趋势。说明总体来看，城市之间的相关性越来越大，城市之间的依赖性随着经济发展阶段的推进越来越强。制造业集聚的 Moran's I 指数从 0.307 到 0.447，逐步上升，且上升幅度较大，约为 46%，说明国内相邻城市的制造业集聚越来越紧密、分布越来越集聚、相似程度也越来越高，处于高高集聚或者低低集聚。

生产性服务业的 Moran's I 指数整体处于较低水平，平均值为 0.57，比起制造业集聚的平均值 0.39，前者仅是后者的 14% 左右。但是生产性服务业集聚 Moran's I 指数上升幅度非常大，从 2004 年的 0.026 到 2016 年的 0.084，增长了 2.23 倍，可见这些年全国范围大力推动生产性服务业的发展还是有一定成效的，各城市之间生产性服务业的空间溢出效应在逐步提升。

制造业与生产性服务业协同集聚发展 Moran's I 指数整体是在上升的，但是幅度较慢，在二、三产业融合发展的大趋势下，产业协同发展取得了一定成效，但是效果还未完全发挥。2004 年制造业与生产性服务业协同集聚 Moran's I 指数为 0.298，2016 年为 0.338，其中 2012 年达到最大值 0.352。

3. 局域空间相关性检验结果

上文用到的 Moran's I 指数也被称为全局 Moran's I 指数（Global Moran's I），考察的是整个空间的集聚情况，但是如果想知道某区域 i 附近的空间集聚情况，则可以使用局部莫兰指数（Local Moran's I），其表达式为：

$$I_i = \frac{(x_i - \bar{x})}{S^2} \sum_{j=1}^{n} w_{ij}(x_j - \bar{x}) \qquad (4-14)$$

局部莫兰指数的含义跟全局莫兰指数相似，$I_i > 0$，表示区域 i 的高（低）值被相邻的高（低）值所包围；$I_i < 0$，表示区域 i 的高（低）值被相邻的低（高）值所包围。

为了形象展示区域空间的相关关系，可以利用局部 Moran's I 指数，结合 Moran's I 散点图和可视化图来分析。以本地产业集聚指数（制造业产业集聚指数、生产性服务业产业集聚指数、制造业与生产性服务业协同集聚指数）为横坐标，以周边地区产业集聚指数（制造业产业集聚指数、生产性服务业产业集聚指数、制造业与生产性服务业协同集聚指数）为纵坐标制作 Moran's I 散点图，可视化的二维图展示了局域产业集聚的空间布局演化过程。第一象限为产业集聚的高—高集聚区，第二象限为低—高集聚区，第三象限为产业集聚的低—低集聚区，第四象限为高—低集聚区。图 4 – 25、图 4 – 26、图 4 – 27 分别报告了 2004 年、2008 年、2012 年、

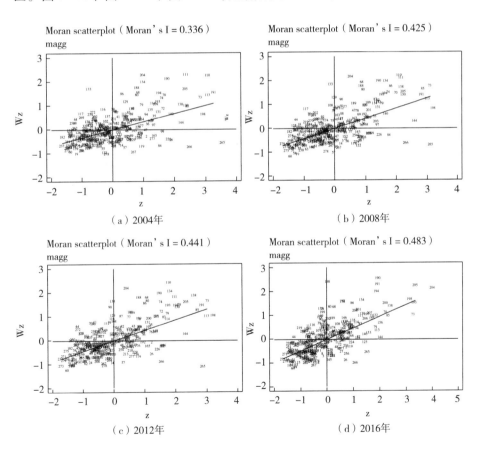

图 4 – 25　制造业集聚的局部 Moran's I 散点图

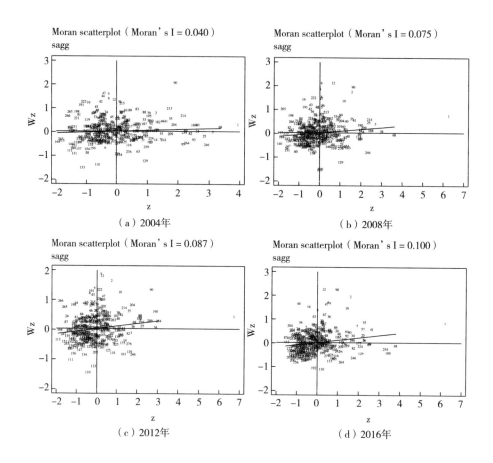

图 4 - 26　生产性服务业集聚的局部 Moran's I 散点图

2016 年制造业产业集聚、生产性服务业集聚、制造业与生产性服务业协同集聚空间演化过程。

　　从图 4 - 25 可以看出，制造业产业集聚在四个时间段的演化呈现向高—高集聚演化，且程度有所加强。其中部分省份一直处于高—高集聚区内，如 190（深圳）、204（东莞），也有城市一直处于低—低集聚区内，如 60（双鸭山）、278（吴忠）。

　　从图 4 - 26 来看，生产性服务业集聚的水平整体偏低，处于第三象限低—低区域城市偏多，同时高—低区域偏多，高—高集聚较少，变化趋势逐步由低—低区域向高—低区域演化，可见与制造业集聚相比，空间依赖性不强，空间差异性较大，生产性服务业的空间关联存在互补效应，而且规模越大的城市生产性服务业的集聚程度越强。

从图 4-27 来看，制造业与生产性服务业协同集聚的局部 Moran's I 指数主要处于高—高集聚的第一象限和低—低集聚的第三象限。而且随着时间的推移，第二象限和第四象限的高—低集聚的样本有减少趋势，充分说明了制造业与生产性服务业协同集聚的正空间溢出效应。

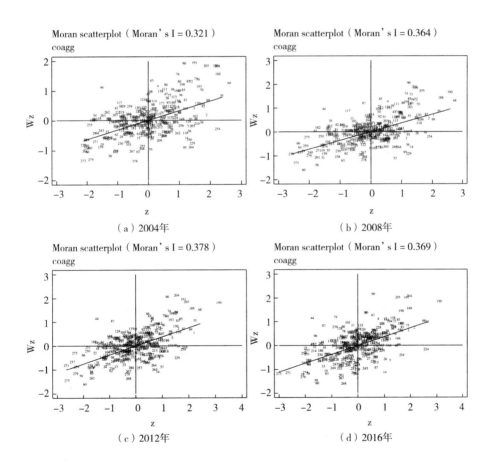

图 4-27　制造业与生产性服务业协同集聚的局部 Moran's I 散点图

四、本章小结

本章主要基于2004～2016年全国280个城市的面板数据，对各城市的制造业集聚、生产性服务业集聚、制造业与生产性服务业协同集聚进行测度，并从产业维度、时间维度和空间维度分析产业集聚的时空演变规律，运用空间模型对上述三种产业集聚的空间溢出效应进行检验，为后文的实证章节提供现实基础。

制造业集聚的分析结果发现，2004～2016年全国280个城市制造业集聚指数变化整体呈U形；制造业集聚度较高的区域仍然集中在东部地区，中部制造业区位熵指数逐步上升，与东部地区的差距在缩小，与西部地区的差距在拉大，西部地区制造业区位熵均值大致趋势在下降，而且与中部、东部地区的差距越来越大；沿海城市、特大型城市制造业集聚程度更高，而高行政等级城市的制造业集聚程度先增后减。

生产性服务业产业集聚的分析结果发现，2004～2016年全国280个城市生产性服务业集聚指数整体呈下降趋势，中间略有波动，呈N形；东部地区生产性服务业集聚指数高于中部和西部地区，东、中、西部地区生产性服务业集聚度的变化趋势各有差异；相比其他城市，高行政等级城市、沿海城市、超大型城市的生产性服务业集聚程度更高。

制造业与生产性服务业协同集聚的分析结果发现，2004～2016年，全国280个城市制造业与生产性服务业协同集聚指数的平均水平总体呈下降趋势；东部地区城市产业协同集聚指数整体最高，中部地区城市产业协同集聚指数与东部城市差距缩小，西部地区城市产业协同集聚指数与中部城市差距扩大；相比其他城市，城市人口规模越大，产业协同集聚指数越高，高行政等级城市产业协调集聚指数出现下调，而沿海城市出现N形变化。

产业集聚空间溢出效应检验结果发现，制造业集聚指数、制造业与生产性服务业协同集聚指数的全部，以及生产性服务业集聚指数的大部分均通过显著性检验，说明城市之间的三种集聚存在强烈的正空间溢出效应。

第五章

产业集聚类型异质性对经济增长影响的实证研究

    关于产业集聚对经济增长的影响，已有众多学者给出过实证结论。例如，有研究认为产业集聚对经济增长具有促进作用（Ciccone，2002；范剑勇，2004），也有研究认为发展到一定阶段，产业集聚会产生拥塞效应，从而对经济增长的影响不显著。可见，产业集聚对经济增长的作用存在争议。事实上大部分学者的研究认为城市经济增长可能源于内部产业结构的差异。产业结构对地区产业增长具有重要的影响，但具体产业结构对产业增长的影响方式却存在较大的争议，争议较大的点在于产业集聚是单一化更有利于产业增长还是多样化，或者协同化更利于产业增长。一个企业是能从本地区同行业的其他企业经济活动中获益还是能从不同行业的企业经济活动中获益？这个问题的提出正是本章研究的出发点。目前，学者在研究产业集聚与经济增长时，根据研究目标和对象的差别，按照不同分类，多集中在制造业、工业、生产性服务业、旅游业、物流业和金融业等产业上。在产业协同集聚的研究上，绝大部分文献研究的是基于制造业与生产性服务业的协同集聚角度（陈国亮和陈建军，2012；张虎，2017；唐晓华等，2018）。

一、研究假设与模型选择

（一）研究假设

Williamson（1965）在研究空间集聚与经济发展关系时提出了"威廉姆森假说"，认为空间集聚在经济发展初期会显著促进地区经济效率的提升，但当经济发展水平达到某一门槛值时，集聚对经济增长的促进作用会变小甚至为负，许多研究者发现，在中国空间集聚与经济增长之间也存在威廉姆森假说（徐盈之，2011；于斌斌，2017）。因此，我们可以初步认为当经济发展到一定阶段、产业集聚发展到一定规模，企业数量的过多导致熟练劳动力紧缺，劳动力价格上升；土地资源紧缺，土地成本增加；环境污染严重，环境治理成本提高等问题，从而使企业生产要素投入成本提高，经济效益下降，经济增长放缓。

根据第三章的分析，我们知道产业集聚对经济增长的影响主要是从规模经济效率、资源配置效率以及技术创新效率方面发挥作用。

对于规模经济效率，不管是制造业还是生产性服务业，由于大量企业集聚在某一区域，能够受益于更大市场潜力带来生活成本的降低，生产成本、交易成本和运输成本的降低，可以产生规模经济，促进经济增长。但是，当一个城市的产业集聚发展到超出承受范围，会受到城市空间范围局限、土地成本上升、劳动力资源短缺、市场竞争激烈等方面的影响，导致产业整体竞争实力削弱、企业利润降低，部分企业向集聚度较低的外围区域转移，短期内造成经济增长的放缓，从而带来规模不经济。

对于资源要素配置效率，伴随生产要素资源流动的产业集聚空间转移，其中有一种是政府政策实施的后果，如城市因为发展战略定位的改变，将对生态环境有影响的产业进行对外转移，近年长三角和珠三角地区的中心城市因为产业结构转型升级和对生态环境的重视，开始淘汰部分落后产能和工艺。这种是属于强制行为促使的产业转移，转移后的这部分产业会在另一个地方开始集聚，但这是因为政府政策带来的影响，重新集聚的产业的资源配置效率有可能会降低。

对于技术创新效率，其前提是有良好有序的市场竞争环境，有可以促使生产要素自由流动的机制。如果一个城市的市场经济发展不够，或者集聚产业技术含量偏低，那么产业集聚带来的技术创新效率不仅不能发挥促进作用，而且有可能会因为模仿、不正当竞争以及技术水平和创新体制不完善抑制经济的增长。

1. 单一产业集聚对经济增长影响的研究假设

制造业和生产性服务业的集聚通过规模经济效率、资源配置效率、技术创新效率促进城市经济的增长。

制造业产业基础在我国经过改革开放40年来的不断发展壮大，尤其是东部沿海城市，制造业集聚已经处于相对较高的水平，整体经济发展增长较快，水平较高；中、西部地区伴随东部地区制造业产业转移，整体制造业集聚水平有了快速的提升。但要注意的是，当一个城市的产业集聚发展到超出承受范围，会受到城市空间范围局限、土地成本上升、劳动力资源短缺、市场竞争激烈等各方面的影响，产业整体竞争实力削弱，企业利润降低，有可能抑制经济增长。

近年来，随着各个城市尤其是东部发达城市、沿海发达城市以及高行政等级城市对生产性服务业发展的重视，整个产业发展水平和集聚程度得到了快速的发展，不管是对经济增长的直接作用，还是通过促进制造业集聚发展带来的间接作用，生产性服务业集聚都能较好地促进经济增长。但是由于生产性服务业总体发展集聚上的滞后以及各个城市发展环境的差异，生产性服务业有可能存在发展与当地及周边城市发展需要不匹配，高知识和技术人才的短缺以及制度环境的不完善可能会引致集聚效率的低下，反而抑制经济增长。

进一步分析单个产业集聚对经济增长的影响，主要看制造业、生产性服务业与经济增长的关系。计算中国 280 个城市，2004～2016 年的制造业、生产性服务业集聚指数，并利用 Stata 做出散点图，其中横轴为产业集聚指数（制造业集聚指数、生产性服务业集聚指数），纵轴为人均 GDP 的自然对数（见图 5 - 1 和图 5 - 2）。图 5 - 1 是关于制造业集聚对经济增长的影响，说明制造业集聚对经济增长有正的影响，但是这种影响程度会随着集聚程度的提高而逐步减弱，还有可能会阻碍经济增长。图 5 - 2 是关于生产性服务业对经济增长的影响，说明生产性服务业集聚与经济增长呈正相关，生产性服务业集聚指数越高，经济增长越快。

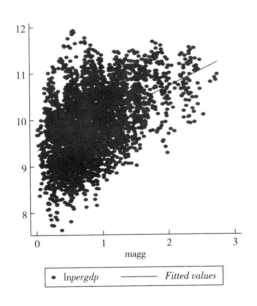

图 5 - 1　制造业集聚与经济增长散点图

2. 协同集聚对经济增长影响的研究假设

就制造业与生产性服务业的协同发展来说，目前有两方面的理论阐述：一是从分工角度，社会分工促使生产性服务业从制造业的内部分化，由"内在化"向"外在化"转变（陈宪和黄建锋，2004）。更加专业化、规

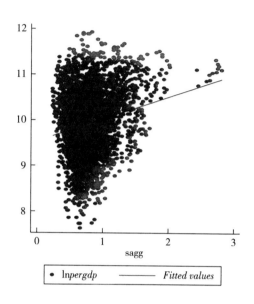

图 5 - 2　生产性服务业集聚与经济增长散点图

模化，更具创新活力的生产性服务业为制造业提供更高效优质的服务，促使制造业生产效率的提升，进而提高全社会的生产效率，实现经济增长。当然，随着分工的细化，在带来分工收益的同时，也会增加由于分工细化带来交易成本的上升，两者之间的平衡是决定制造业与生产性服务业协同发展水平高低的内在机制。二是从竞争策略和价值链角度，企业在发展过程中会将核心资源集中在最具竞争力的环节，制造业企业将生产性服务环节外包，可以分散经营风险，增强企业的灵活性和效率，专注于自身的核心竞争力。根据产业价值链理论，产品研发等上游和营销、服务等下游基本都属于生产性服务业，中游的产品生产属于制造业（见图 5 - 3）。根据波特的理论，由于价值链的上游和下游创造价值最高，制造业企业处于价值链的中间环节，而生产性服务业在两端活跃。正是由于这种产业价值链上的差异，导致地区在经济发展过程中对产业发展策略的选择上有所偏重，具有相对优势，招商引资吸引力较强的区域会考虑选择价值链更高的产业发展，而基础薄弱的地区只能选择相对较低的产业，从而造成经济增长的差异。党的十九大报告中提出，要"促进我国产业迈向全球价值链中高端，培育若干世界级先进制造业集群"。

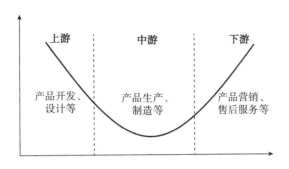

图 5 - 3　价值链微笑曲线

　　本章讨论的产业协调集聚既有协调质量的体现，也有协调深度的体现。如此，一个城市制造业和生产性服务业集聚基础较好，两者的协调质量和协调水平较高，那么将会具有更高的生产效率和占据价值链更高位置的能力，从而促进经济的增长。

　　为了分析制造业与生产性服务业协同集聚与经济增长的关系，计算中国 280 个城市，2004～2016 年的制造业与生产性服务业协同集聚指数，利用 Stata 做出散点图和二次拟合曲线，其中，横轴为产业协同集聚指数，纵轴为人均 GDP 的自然对数（见图 5 - 4）。图 5 - 4 说明制造业与生产性服务业协同集聚与经济增长呈正相关，产业协同集聚指数越高，经济增长越快。

　　根据以上的分析，本章提出如下假设：

　　假设 5 - 1：制造业集聚对经济增长的影响呈现倒 U 形关系，在产业集聚初期制造业与经济增长正相关，当产业集聚发展到一定阶段，会产生拥塞效应，对经济增长的影响呈现下降趋势。

　　假设 5 - 2：制造业与生产性服务业协同集聚对经济增长有正向影响，并且协同集聚指数越高，对经济增长的影响越大。

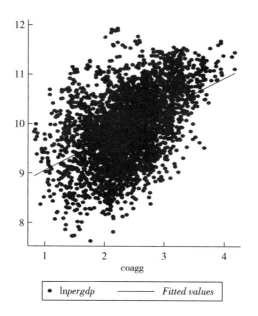

图 5 - 4 制造业与生产性服务业协同集聚与经济增长散点图

假设 5 - 3：由于不同区域的城市产业发展基础、初始资源禀赋、政策制度方面的差异，产业集聚对经济增长的影响存在差异。

（二）模型选择

由于产业集聚除影响本地区的经济增长外，会对周边的经济增长有影响，同时周边地区的产业集聚也会对本地区的产业集聚有反馈效应，因此，本章使用空间面板计量模型。空间计量模型由 Cliff 和 Ord（1992）提出，最初针对的是截面数据，而后经过 Anselin（1990）、Elhorst（2009）等扩展为面板形式，目前主要有三种模型形式：空间面板滞后模型（SLM）、空间面板误差模型（SEM）、空间面板杜宾模型（SDM）。

1. 空间面板滞后模型（Spatial Panel Lag Modle，SLM）

具体公式为：

$$y_{it} = \rho \sum_{j=1}^{n} w_{ij} y_{it} + \beta x_{it} + \delta cont_{it} + \mu_i + \varepsilon_{it} \qquad (5-1)$$

式中，ρ 是空间自回归系数，w_{ij} 为空间权重矩阵 W 中的元素。$\rho \sum_{j=1}^{n} w_{ij} y_{it}$

为相邻地区产业空间交互关系，若 $\rho > 0$，表示相邻地区被解释变量存在空间溢出效应；若 $\rho < 0$，则表示相邻地区存在虹吸效应。x_{it} 为解释变量；$cont_{it}$ 为控制变量的集合，δ 为本地控制变量对被解释变量的影响系数，μ_i 为空间效应，ε_{it} 为误差项。

2. 空间面板误差模型（Spatial Panel Error Modle，SEM）

具体公式为：

$$y_{it} = \beta x_{it} + \delta cont_{it} + \mu_i + \varepsilon_{it}$$

$$\varepsilon_{it} = \lambda \sum_{j=1}^{N} w_{ij} \varepsilon_{it} + \upsilon_{it} \qquad (5-2)$$

式中，w_{ij} 为空间权重矩阵 W 中的元素，ε_{it} 通过冲击影响周边地区，λ 是空间误差相关系数，衡量扰动误差项中的变量观察值之间的空间依赖关系，相邻地区被解释变量的误差冲击本地的影响程度。若 $\lambda > 0$，表示冲击为正向，相邻地区被解释变量的误差冲击导致区域间溢出；若 $\lambda < 0$，则表示冲击为负向，相邻地区被解释变量的误差冲击区域间的虹吸成分。$cont_{it}$ 为控制变量的集合，δ 为本地控制变量对被解释变量的影响系数，μ_i 为空间效应。

3. 空间面板杜宾模型（Spatial Panel Dubin Modle，SDM）

外生变量的空间滞后容易导致有偏非一致，LeSage 和 Pace（2009）提出了空间面板杜宾模型，具体公式为：

$$y_{it} = \rho \sum_{j=1}^{N} w_{it} y_{it} + \beta x_{it} + \gamma \sum_{j=1}^{N} w_{it} x_{it} + \delta cont_{it} + \theta \sum_{j=1}^{N} w_{it} cont_{it} + \mu_i + \varepsilon_{it}$$

$$(5-3)$$

式中，γ 是解释变量的空间自回归系数，若 $\gamma > 0$，表示本地解释变量对相邻地区有正向溢出作用；若 $\gamma < 0$，表示本地解释变量对相邻地区有负向溢出作用并产生虹吸效应。w_{ij} 为空间权重矩阵 W 中的元素，β 和 γ 为解释变量的回归系数与解释变量的空间交互效应的回归系数，δ 为本地控制变量对被解释变量的影响系数，θ 为周边地区控制变量集对本地区被解释变量的影响。

空间面板杜宾模型（SDM）是最一般的形式，可以表示被解释变量和解释变量同时存在空间依赖性。式（5-3）通过系数取值的变化可以得到空间面板误差模型（SEM）和空间面板滞后模型（SLM）。本书的被解释变量经济增长根据第四章的分析是存在空间溢出效应的，本章的核心解释变量也存在空间溢出效应，因此，采用空间面板杜宾模型，对应的被解释变量 y_{it} 为人均 GDP（lnpergdp），x_{it} 为解释变量集，包括制造业产业集聚（magg）、生产性服务业产业集聚（sagg）、制造业与生产性服务业协同集聚（coagg）。$cont_{it}$ 为控制变量集，包括固定资本存量（lncapital）、人力资本（lnhum）、基础设施（lnroad）、政府规模（gov）、外商直接投资（lnfdi）、对外开放程度（lnopen）。w_{ij} 为空间权重矩阵，采用的是根据两个地区之间空间是否相邻来设定 0 与 1 的权重矩阵。β 为待估参数。因此最后的模型形式为：

$$\ln pergdp_{it} = \rho \sum_{j=1}^{N} w_{it} \ln pergdp_{it} + \beta_1 magg_{it} + \gamma \sum_{j=1}^{N} w_{it} magg_{it} + \delta cont_{it} +$$

$$\theta \sum_{j=1}^{N} w_{it} cont_{it} + \mu_i + \varepsilon_{it} \qquad (5-4)$$

$$\ln pergdp_{it} = \rho \sum_{j=1}^{N} w_{it} \ln pergdp_{it} + \beta_1 sagg_{it} + \gamma \sum_{j=1}^{N} w_{it} sagg_{it} + \delta cont_{it} + \theta \sum_{j=1}^{N}$$

$$w_{it} cont_{it} + \mu_i + \varepsilon_{it} \qquad (5-5)$$

$$\ln pergdp_{it} = \rho \sum_{j=1}^{N} w_{it} \ln pergdp_{it} + \beta_1 coagg_{it} + \gamma \sum_{j=1}^{N} w_{it} coagg_{it} + \delta cont_{it} +$$

$$\theta \sum_{j=1}^{N} w_{it} cont_{it} + \mu_i + \varepsilon_{it} \qquad (5-6)$$

二、变量选取与数据描述

（一）变量选取

根据式（5-1）、式（5-2）、式（5-3）的面板模型设计，同时考虑实证对象的特征，本章的变量选取分为被解释变量、核心解释变量和控制变量三类。以下分别对变量选取依据及采取形式进行论述。

1. 被解释变量

被解释变量是经济增长，用人均 GDP（lnpergdp）作为经济增长的代理变量。主要参考吴玉鸣（2006）、潘文卿和刘庆（2012）等在研究产业集聚对经济增长的影响时用人均 GDP 衡量经济增长的做法。

2. 核心解释变量

本章旨在检验单个产业和多个产业协同集聚对经济增长的影响，因此，核心解释变量有制造业集聚指数（magg）、生产性服务业集聚指数（sagg）、制造业与生产性服务业协同集聚指数（coagg）三个。这三个核心解释变量的取值是根据第四章的计算结果得出的。其中，制造业集聚指数（magg）、生产性服务业集聚指数（sagg）使用区位熵指数测算所得；制造业与生产性服务业协同集聚指数（coagg）是根据陈建军等（2009）、张虎等（2017）采取的计算方法，具体参照第四章的式（4－1）和式（4－5）。

3. 控制变量

本章的控制变量根据理论分析需要，主要包括固定资本存量（lncapital）、人力资本（lnhum）、基础设施（lnroad）、政府规模（gov）、外商直接投资（fdi）、对外开放程度（lnopen）。具体如下：

（1）资本存量（lncapital）。资本投入是传统经济增长模型中的重要生产要素，初步判定符号应该为正。

（2）人力资本（lnhum）。借鉴其他学者的做法，采用各城市高等学校学生人数作为人力资本的代理变量，人力资本作为生产要素的投入，对经济增长一般具有促进作用，但是要考虑人口流动以及人力资本效应的发挥，因此不排除该指标符号为负的可能。

（3）基础设施（lnroad）。采取人均城市铺设道路面积作为代理变量，基础设施的完善，有利于促进产业发展和经济提升，初步判断符号应为正（豆建民和刘叶，2016）。

（4）政府规模（gov）。采用地方财政预算内支出与地区生产总值的比值作为政府规模的代理变量，不论是发达地区还是欠发达地区政府都存在地方保护行为的动机，从而使生产要素、商品（服务）的自由流动受到限制，阻碍产业集聚对经济增长的影响。因此，初步判定符号为负。

（5）外商直接投资（fdi）。采用外商直接投资占地区生产总值的比值作为代理变量。

（6）对外开放程度（lnopen）。采用进出口总额占地区生产总值的比例作为城市对外开放程度的代理变量。

（二）数据描述

1. 数据来源

所有变量数据均来自历年中国城市统计年鉴，除西藏、青海、新疆、海南外的各省份统计年鉴及各地区市统计年鉴。主要变量计算公式、数据来源如表 5 - 1 所示。

表 5 - 1　数量来源及变量计算说明

变量分类	变量名称	代理变量	计算方法
被解释变量	人均 GDP（lnpergdp）	lnpergdp	取对数
核心解释变量	制造业集聚指数（magg）	magg	区位熵指数（详见第四章）
	生产性服务业集聚指数（sagg）	sagg	区位熵指数（详见第四章）
	制造业与生产性服务业协同集聚指数（coagg）	coagg	区位熵差异指数法（详见第四章）
控制变量	固定资本存量（lncapital）	固定资本存量取对数	采取张军等（2004）关于固定资本存量的计算方法（万元）
	人力资本（lnhum）	高等学校学生人数	取对数
	基础设施（lnroad）	人均城市道路面积取对数	年末实有城市道路面积/年末总人口（万平方米/万人）

变量分类	变量名称	代理变量	计算方法
控制变量	政府规模（gov）	地方财政预算内支出与地区生产总值的比值	地方财政预算内支出/地区生产总值（万元/万元）
	外商直接投资（fdi）	外商直接投资与地区生产总值的比值	外商直接投资/地区生产总值（万元/万元）
	对外开放程度（open）	进出口总额与地区生产总值的比值	进出口总额/地区生产总值（万元/万元）

2. 数据处理

（1）价格平减处理①。针对所有变量中出现的人均地区生产总值、固定资产投资、工业总产值等数据以 2003 年的不变价的相应平减指数进行了平减化处理。

（2）外汇汇率换算。对本章出现的外商直接投资，进口、出口总额等相应观测值根据当年的平均外汇汇率进行换算。

（3）缺失数据处理。

1）对所有变量用到的观测值缺失数据进行了平滑处理。

2）参考大部分研究者的做法，对外商直接投资、进出口总额、人力资本等变量，部分零值用样本观测值中非零最小值替代。

3）由于部分变量用的是非比值数据，因此为避免可能引发异方差和可能造成回归偏误，对非比值数据一律进行对数化处理，如工业企业规模（lnfirm）、固定资产投资（lncapital）、人均地区生产总值（lnpergdp）和基础设施（lnroad）。

另外，本书使用的数据属于短面板，且截面数据远大于时间长度，因此，一般不需要对其平稳性问题进行处理。

4）固定资本存量的处理。固定资本存量主要是指经济社会在某一时点上所积累的资本总量。在变量的处理上做法如下：

---

① 第六章和第七章在数据处理上使用了相同的方法，因此后两章将省略此部分。

第一步，利用$K_0 = \dfrac{I_0}{(g+\delta)}$，对初始资本存量$K_0$进行估算。其中$I_0$为初始年份的各个城市固定资产投资额；$g$为初始年后所有年份固定资产投资额的平均增长率；$\delta$为资本折旧率，根据张军等（2004）的测算，将折旧率设定为 9.6%。

第二步，结合固定资产投资价格指数对历年各城市名义固定资产投资额进行折算，将其平减为 2003 年的基期价格。

第三部，使用永续盘存法，根据$K_t = (1-\delta)K_{t-1} + I_t$，计算得到各城市相应年份的固定资本存量。

3. 数据描述性统计

根据前文对数据来源和数据处理的介绍，综合各变量的整理情况，对本章实证用到的数据进行描述性统计分析，具体如表 5-2 所示。

表 5-2　主要变量描述性统计

变量	均值	标准差	最小值	最大值	观测数（个）
lnpergdp	9.93	0.71	7.62	11.92	3640
magg	0.86	0.47	0.02	2.74	3640
Magg2	0.95	1.05	0.0004	7.51	3640
sagg	0.81	0.30	0.24	2.81	3640
coagg	2.39	0.54	0.82	4.17	3640
lnhum	10.03	2.15	0	13.87	3640
lncapital	16.65	1.18	13.45	20.15	3640
lnfirm	9.49	0.71	6.90	12.78	3640
lnroad	0.87	0.94	-5.62	4.29	3640
gov	0.16	0.10	0.02	1.56	3640
fdi	0.02	0.02	0.00	0.16	3640
open	0.21	1.28	0.00	27.86	3640

注：所有数值尽可能保留两位有效数字，所有虚拟变量未统计描述。

三、实证结果分析

本章的实证分析主要分为两部分：一是全国层面下的实证；二是分东、中、西部层面下的实证。

（一）全国层面结果分析

关于产业集聚对经济增长的影响，从单个产业集聚与多个产业协同集聚的角度分析，从表 5 – 3 可以看出，产业集聚对经济增长的影响的方向、强度和显著性水平方面均存在较大差异。从 R – sq within 的数值来看，说明模型具有较强的解释力度。

表 5 – 3　产业集聚类型异质性对经济增长影响的空间杜宾模型估计结果（全国层面）

变量	模型（1）	模型（2）	模型（3）	模型（4）	模型（5）
magg	0.073 *** (5.30)			0.276 *** (5.87)	0.091 *** (2.6)
magg2				– 0.076 *** （– 4.03）	– 0.006 （– 0.43）
sagg		0.006 (0.36)			
coagg			0.040 *** (3.4)		
lncapital	0.427 *** (54.89)	0.433 *** (54.73)	0.427 *** (68.86)		0.433 *** (59.58)
lnhum	0.002 (0.85)	0.001 (0.41)	0.001 (0.61)		0.001 (0.43)

续表

变量	模型（1）	模型（2）	模型（3）	模型（4）	模型（5）
gov	-0.232***	-0.219***	-0.255***		-0.254***
	(-5.54)	(-5.15)	(-6.01)		(-6.00)
lnroad	0.052***	0.059***	0.061***		0.057***
	(6.37)	(7.07)	(7.55)		(6.86)
open	-0.003	-0.003	-0.003		-0.003
	(-0.51)	(-0.39)	(-0.51)		(-0.48)
fdi	-0.238	-0.148	-0.060		-0.179
	(20.74)	(-0.86)	(-0.35)		(-1.05)
_cons	1.711***	1.799***	2.362***	1.490***	1.930***
	(20.74)	(18.68)	(24.91)	(8.4)	(22.43)
$W \times magg$	-0.570***			-1.359***	-1.783***
	(-8.06)			(-5.24)	(-9.13)
$W \times sagg$		-0.424***			
		(-3.94)			
$W \times coagg$			-0.751***		
			(-12.68)		
ρ	0.331***	0.283***	0.273***	2.374***	0.291***
	(8.24)	(6.70)	(10.12)	(383.09)	(7.93)
R-sq within	0.9152	0.9136	0.9141	0.0463	0.9148

注：括号内为 Z 统计量，***、**、*分别表示通过1%、5%、10%水平下的显著性检验。

1. 单个产业集聚对经济增长的影响

根据回归结果，制造业对经济增长的影响与预期基本一致，制造业产业集聚对经济增长具有显著的正效应，即制造业产业集聚程度每提高1%，城市实际人均 GDP 会增长1.07%。当不考虑其他控制变量时，制造业集聚与经济增长两者是非线性的关系，呈现倒 U 形关系。随着制造业集聚指数的增加，对经济增长产生正的作用，当制造业集聚过高时，制造业集聚的提高会对经济增长产生抑制作用，产业集聚的拥塞效应就会发挥作用，从而可以验证威廉姆森的假说①。

生产性服务业对经济增长具有不显著的正效应，生产性服务业每增长1%，城市实际人均 GDP 增长 1.006%，就国内城市的现状来看，生产性服务业的发展整体水平偏弱，带来的知识和技术溢出效应还未能发挥较好的效果，因此，对经济增长的促进作用并不明显。

2. 制造业与生产性服务业协同集聚对经济增长的影响

从回归结果来看，制造业与生产性服务业协同集聚对经济增长的影响与预期基本一致，产业协同集聚对经济增长具有非常显著的正效应，即产业协同集聚程度每提高1%，城市实际人均 GDP 会增长 1.04%。从结果可以看出，制造业与生产性服务业协同集聚对经济增长的影响程度系数比制造业单个产业对经济增长的影响小，意味产业协同集聚的作用未完全发挥，制造业与生产性服务业发展的不协调和不匹配，以及发展水平偏低是目前城市普遍存在的。

3. 产业集聚与经济增长的空间溢出效应

在表5-3中还汇报了制造业集聚、生产性服务性集聚、产业协同集聚对经济增长的空间溢出效应。从计量结果来看，三类集聚的空间溢出效应均为负，且在1%水平下显著，说明本地区的产业集聚总体对周边地区（本书为在空间相邻）的经济增长不利。出现这类结果也许与我国经济所处的阶段相关，即制造业集聚正处于从极化效应向扩散效应转化的阶段，对周边地区的扩散效应还未显现，而生产性服务业集聚与产业协同集聚还处于极化阶段，扩散效应还未普遍出现。

4. 控制变量对经济增长的影响

不管从全国层面还是区域层面，本书的控制变量对经济增长影响的符号基本保持一致，唯有在作用程度上略有差异，下面对控制变量进行逐一分析。

----

① 威廉姆森假说是 Williamson（1965）在研究空间集聚与早期的经济发展关系时提出的，他指出空间集聚在经济发展初期会显著促进地区经济增长，但当经济发展水平达到某一门槛值后，产业集聚对经济增长的促进作用会变小甚至为负。

（1）资本存量（lncapital）对经济增长的影响。从表5-3和表5-4的实证结果可知，资本存量对经济增长存在非常显著的正效应。资本每增长1%，经济可增长0.4%以上，从产业集聚的分类来看，对于生产性服务业而言，资本的投入对经济增长的影响程度比制造业和协同集聚均要高。就中国经济发展现状而言，经济增长对投资的依赖程度决定了资本是促进经济增长的重要因素。生产性服务业集聚模型中的资本系数说明了生产性服务业比较欠缺，资本的介入能够对经济增长产生较好的效应。

（2）政府规模（gov）对经济增长的影响。通过实证分析发现，政府规模对经济增长具有显著的负效应。分产业来看，对制造业集聚、生产性服务业集聚及两者协同集聚的影响分别为-0.232、-0.219、-0.255，在协同集聚模型中，政府规模越大对经济增长的抑制越强。分区域来看，中部地区和西部地区政府规模对经济增长的干预能力较大，而东部地区较小。一般而言，政府规模越大，其对经济发展的干预能力就越强，越容易导致地方保护主义，由于东部地区市场化程度较高，政府服务意识较强烈，使得东部地区在产业管制、市场进入中较为宽松（陈国亮和陈建军，2012）。

（3）基础设施（lnroad）对经济增长的影响。城市交通基础设施对经济增长具有显著的正效应。从产业分类来看，对制造业和协同集聚的影响最大，系数为0.061。城市内部基础设施越完善，越有利于不同产业之间的协同发展，对劳动力的吸引以及交流有更大的促进作用，对知识和技术的溢出也会有积极作用，因此能够促进经济的增长。从区域层面来看，对于生产性服务业和协同集聚，则是中部和西部地区影响系数更大，可见加强城市道路基础设施的建设对经济集聚效应有促进作用。

（4）外商直接投资（fdi）对经济增长的影响。在本章采用的模型和数据中，从全国层面看，外商直接投资对经济增长的影响不具有显著效应，且呈现一定的负效应。从区域层面看，仅西部地区外商直接投资对经济增长的影响有显著的正效应。可见西部欠发达地区，外商投资的引入能够带来资本、技术以及管理方式的提升，促进西部城市的经济增长。

（5）进出口（open）对经济增长的影响。在本章采用的模型和数据中，进出口对经济增长的影响都不具有显著效应，且呈现一定的负效应。与 Krugaman 和 Elizondo（1996）、陈得文和苗建军（2010）的结论一致，他们通过实证得出开放型经济不利于经济的集聚活动的结论。

（二）区域层面结果分析

中国各区域发展不平衡，各城市发展基础、中央政策扶持力度以及产业集聚的初始条件都存在较大差距，因此，关于产业集聚对经济增长的影响，不同区域层面之间的实证结果差异较大。从表 5 - 4 可以看出，东部、中部、西部区域无论是单个产业集聚，还是多个产业协同集聚对经济增长的影响方向、强度和显著性水平方面均存在较大差异。

1. 单个集聚对经济增长的影响

根据回归结果，制造业集聚水平的提升有利于地区经济增长，但是东部与西部地区制造业对经济增长的影响不显著，而中部地区制造业对经济增长的影响具有显著的正效应。东部地区的制造业集聚普遍处于较高水平，根据第四章的测算，东部地区 2004～2016 年的平均值为 1.18，已经处于较高水平，离拐点位置较近，对经济增长的作用开始放缓。而西部地区整体制造业集聚水平较弱，产业类型科技含量较低，对经济增长的正效应还未发挥。而中部地区的制造业集聚，水平处于东西部地区之间，比东部地区低但比西部地区高出许多。整个制造业集聚处于基础日益扎实，产业技术水平逐步上升，产品附加值快速提升的阶段，在资源配置效率、技术创新效率和规模经济效率方面较好地促进了经济增长。另外，这一结果与我国的现实情况具有一定的契合性，东部地区的制造业集聚与经济发展水平正处于"腾笼换鸟"的阶段，制造业开始向中西部地区转移，由于在区位与产业基础上的优势，中部的产业集聚水平得到显著提升，对经济增长的作用也更明显。就生产性服务业而言，东部地区、中部地区生产性服务业对经济增长的影响具有不显著的负效应，而西部地区生产性服务业对经济增长的影响具有显著的正效应。

表5-4 产业集聚类型异质性对经济增长影响的空间杜宾型模型估计结果（区域层面）

变量	模型（1）			模型（3）			模型（4）		
	东部	中部	西部	东部	中部	西部	东部	中部	西部
magg	0.011 (0.63)	0.161*** (7.07)	0.048 (1.36)						
sagg				-0.027 (-1.0)	-0.028 (-1.44)	0.138*** (3.34)			
coagg							0.026 (1.25)	0.045*** (2.66)	0.035 (1.40)
lncapital	0.442*** (37.53)	0.462*** (44.45)	0.468*** (41.50)	0.446*** (41.72)	0.462*** (47.99)	0.486*** (37.53)	0.430*** (40.75)	0.456*** (48.72)	0.466*** (40.45)
lnhum	-0.012** (-2.34)	0.006 (1.44)	-0.003 (-0.94)	-0.014*** (-2.78)	0.006 (1.27)	-0.004 (-1.52)	-0.012** (-2.47)	0.005 (1.13)	-0.003 (-1.16)
gov	0.016 (0.2)	-1.054*** (-9.23)	-0.0219*** (-3.68)	-0.005 (-0.07)	-1.047*** (-9.02)	-0.179*** (-3.04)	0.011 (0.14)	-1.104*** (-9.57)	-0.205*** (-3.41)
lnroad	0.060*** (3.50)	0.059*** (4.26)	0.061*** (-3.68)	0.060*** (3.49)	0.069*** (4.90)	0.054 (4.23)	0.059*** (3.49)	0.069*** (4.97)	0.066*** (5.16)

续表

变量	模型（1）			模型（3）			模型（4）		
	东部	中部	西部	东部	中部	西部	东部	中部	西部
open	0.001 (0.16)	-0.071 (-1.44)	-0.019 (-0.87)	0.0007 (0.12)	-0.102 * (0.62)	-0.007 (-0.32)	0.0001 (0.00)	-0.058 (-1.18)	-0.030 (-1.33)
fdi	-0.322 (-1.33)	0.153 (0.57)	1.284 ** (2.02)	0.015 (0.06)	0.168 (0.62)	1.662 *** (2.62)	0.030 (0.12)	0.192 (0.71)	1.225 * (1.90)
$W \times magg$	-0.110 ** (-2.00)	-0.341 *** (-4.87)	-0.840 *** (-6.49)						
$W \times sagg$				-0.481 *** (-5.81)	-0.376 *** (-4.02)	0.419 *** (2.60)			
$W \times coagg$							-0.377 *** (-6.82)	-0.379 *** (-6.70)	-0.430 *** (-5.00)
ρ	0.168 *** (4.60)	0.117 *** (3.60)	0.132 *** (4.19)	0.154 *** (5.24)	0.084 *** (3.20)	0.150 *** (3.72)	0.190 *** (7.54)	0.125 *** (5.13)	0.151 *** (6.03)
_cons	1.823 *** (10.56)	1.677 *** (14.13)	1.669 *** (10.68)	2.034 *** (12.30)	2.008 *** (15.28)	0.747 *** (4.51)	2.346 *** (13.10)	2.101 *** (15.61)	1.778 *** (9.21)
R - sq within	0.9029	0.9248	0.9231	0.9050	0.9230	0.9241	0.9040	0.9225	0.9205

注：括号内为 Z 统计量，***、**、* 分别表示通过 1%、5%、10% 水平的显著性检验。

2. 制造业与生产性服务业协同集聚对经济增长的影响

根据回归结果来看，东部地区、西部地区制造业与生产性服务业协同集聚对经济增长的影响具有不显著的正效应，而中部地区具有显著的正效应。东部地区制造业集聚平均值为 1.18，而生产性服务业集聚平均值为 0.83，虽然两者都处于国内较高水平，但是随着东部地区制造业向中西部地区转移，制造业与生产性服务业都处于转型升级阶段，造成两者之间的协调程度较差，对经济增长的促进作用不显著。西部地区制造业与生产性服务业集聚程度都较低，整体协调水平较差，相比制造业而言，生产性服务业与中部地区的差距反而较小，而制造业与中部地区的差距日益扩大，产业协同集聚自然对经济增长的影响不显著。中部地区随着前期承接东部制造业转移的基础越来越稳固，产业内部结构开始进行优化转型，同时生产性服务业随着制造业的发展壮大逐步完善，两者的协调质量和水平均处于较为平衡的状态，所以对经济增长的促进作用较为显著。

控制变量的结果与表 5 - 3 基本相同，在此不再赘述。

四、本章小结

本章主要研究制造业和生产性服务业单个产业集聚对经济增长的影响和两者协同集聚对经济增长的影响。根据分析可以得出以下结论：

制造业集聚与经济增长两者是非线性的关系，呈现倒 U 形关系，当制造业集聚指数低于 1.8 时，随着制造业集聚指数的增加，对经济增长产生正的作用；当制造业集聚高于 1.8 时，制造业集聚的提高会对经济增长产生抑制作用，这在一定程度上验证了威廉姆森假说。在全国层面范围下，制造业对经济增长具有显著的正效应；分区域来看，东部地区城市制造业集聚对经济增长的促进作用程度最小，西部城市次之，中部地区城市的促进程度最大，且将近是西部地区城市的4倍。

生产性服务业集聚对经济增长具有一定的促进作用，但是现阶段影响效果不显著，促进程度还微弱。分地区而言，东部地区、中部地区生产性服务业对经济增长的影响均表现负效应，而西部地区生产性服务业对经济增长的影响具有显著的正效应。

制造业与生产性服务业协同集聚对经济增长的影响具有非常显著的正效应，即产业协同集聚程度每提高1%，城市实际人均GDP增长0.04%。东部地区、西部地区制造业与生产性服务业协同集聚对经济增长的影响具有不显著的正效应，而中部地区具有显著的正效应。

制造业集聚、生产性服务性集聚、产业协同集聚对经济增长的空间溢出效应均为负，且在1%水平下显著，说明本地区的产业集聚总体对周边地区（本书为在空间相邻）的经济增长不利。

资本存量对经济增长存在非常显著的正效应。从产业集聚对经济增长的角度，资本仍然对经济增长具有重要的影响作用。因此，各城市在经济发展过程中，如何发挥资本的促进作用，有效利用好投资仍然十分关键。

政府规模对经济增长具有显著的负效应。从政府规模角度考虑，政府在经济增长过程中如果干预市场过多，不利于产业集聚效应的发挥，不利于经济高质量高效率发展，必须让市场发挥决定作用，政府的作用侧重在保障自由的市场环境，保障生产要素的自由流通，完善技术创新的保障机制等。

城市交通基础设施对经济增长具有显著的正效应。城市内部基础设施的完善有利于提高当地的交通运输条件，降低企业物流成本，提高居民生活便利度，打造良好的营商环境，同时还可以促进制造业集聚区（如开发区）与城市服务集聚区（城市中心）融合发展，助推产业协同集聚，提高经济增长水平。

外商直接投资对经济增长的影响具有不显著的负效应，但西部地区外商直接投资对经济增长的影响具有显著的正效应；进出口对经济增长的影响具有不显著的负效应。

第六章

产业集聚效应异质性对
经济增长影响的实证研究

产业集聚效应共有专业化效应、多样化效应和竞争化效应三种，也称为 MAR 外部性、Jacobs 外部性和 Porter 外部性，最早由 Glaeser 等（1992）进行梳理归纳并明确提出。关于产业集聚对经济增长的影响，从前文的分析可以看出产业集聚通过资源配置、规模经济、技术溢出等对经济增长产生影响。但是，为什么东部地区制造业集聚对经济增长是负的影响，中部和西部地区的城市是正的影响，产业协同集聚对东、中、西部的经济增长作用是正的，且影响程度也存在差异？第五章尝试进行了初步的解释，本章在上一章研究产业集聚类型异质性对经济增长影响的基础上，从集聚效应异质性视角进一步分析 MAR 外部性、Jacobs 外部性和 Porter 外部性对经济增长的影响，并探讨这三种外部性的作用如何造成各区域城市的差异。

一、产业集聚效应的测度

关于产业集聚外部性的测度方法根据研究者的研究目标不同而略有差别。三种外部性虽然有各自的侧重点，但有一点是共同的，即三种外部性都包含了产业集聚存在竞争环境，可以加快与知识溢出效应，推动产业整体技术创新，从而促进经济增长。因此，竞争程度是三个外部性均要考虑的基本因素。目前，使用较多的测度方法是：

$$MAR_i = \text{Max}_j \left(\frac{s_{ji}}{s_j} \right)$$

$$Jacobs_i = \frac{1}{\sum_j} |s_{ji} - s_j|$$

$$Porter = \frac{\dfrac{N_i}{G_i}}{\dfrac{\sum_i N_i}{\sum_i G_i}}$$

其中，s_{ji} 表示 i 地区 j 产业的就业人数占该城市总就业人数的比重；s_j 表示全部城市 j 产业的就业人数占全部城市就业人数的比重；N_i 表示 i 地区的工业企业数量；G_i 表示 i 地区的工业产值。采用此方法测算外部性的文献比较多（Henderson 等，1995；薄广文，2007；吴三忙和李善同，2011）。

随着产业集聚理论实证研究的丰富和发展，多个产业集聚的问题开始受到关注。在此背景下，产业集聚外部性的测度中有部分学者开始通过引进 com 值以及产业集聚指数和协同集聚指数来构建外部性函数（Glasser 等，1992；杨仁发，2013）。

MAR 外部性表示专业化指数：$MAR = \dfrac{magg}{com}$ （6 – 1）

Jacobs 外部性表示多样化指数：$Jacobs = coagg \times com$ （6 – 2）

Porter 外部性表示竞争指数：$Porter = magg \times com$ （6 – 3）

其中，$magg$ 表示制造业集聚，根据第四章式（4 – 1）计算所得，$coagg$ 表示制造业与生产性服务业集聚协同集聚指数，根据第四章式（4 – 5）计算所得。com 表示产业竞争程度，表达式为：

$$com = \frac{j\,地区\,i\,产业企业数量/j\,地区\,i\,产业总产值}{全国\,i\,产业企业数量/全国\,i\,产业总产值} \quad （6 – 4）$$

该竞争程度指数越大说明地区产业竞争程度越高，如果竞争指数大于1，说明该地区产业竞争程度高于全国平均水平。本章在制造业集聚测度的基础上度量三种外部性的指标，主要做法参考 Glasser 等（1992）、杨仁发（2013）的做法，鉴于研究需要和数据的可获得性，使用的是各城市规模以上工业企业数和规模以上工业企业总产值。

二、研究假设与模型选择

（一）研究假设

国内产业集聚外部性对经济增长的影响，众多学者已进行过研究，得出三种外部性对经济增长的影响具有显著差异，不同地区的影响也不同的结论（薄广文，2007，吴三忙和李善同，2011；杨仁发，2013；于斌斌，2017）。本章从三种外部性的含义入手，分析各自对产业集聚的影响机制（见表6-1）。

表6-1　三种外部性知识和技术溢出的区别

外部性名称	产业范围	市场环境	核心区别
MAR 外部性	同产业更有利于知识和技术溢出	垄断更有利于知识和技术溢出	产业的专业化
Jacobs 外部性	不同产业内更有利于知识和技术溢出	竞争更有利于知识和技术溢出	产业的多样化
Porter 外部性	同一产业更有利于知识和技术溢出	竞争更有利于知识和技术溢出	产业的竞争化

1. MAR 外部性对经济增长影响的研究假设

根据第三章的理论分析，MAR 外部性通过资源配置效率、资源配置效率、技术创新效率对经济增长产生影响。但是资源配置效率、规模经济效率、技术创新效率也会受到诸多因素的影响和限制。当同类型的企业集聚过多，对劳动力的需求会急剧增长，当本地区无法满足产业发展需要的人力资源时，会造成劳动力成本的上升以及工资水平的攀升，从而影响企业的成本投入，造成企业利润的下降，并会产生对外转移的趋势，造成地方经济的放缓。例如，纺织服装产业从东部沿海城市到中部城市，到西部城市，再到东南亚国家的转移。同时也由于企业大量的集中造成产量的快速增长，在一定的市场范围半径内容易造成产能过剩，并且由于同地区企业信息的传播较快，各自的销售市场及客户容易泄露。因此，不仅不能产生规模经济，有可能还会产生规模不经济。当专业化集中程度较高时，由于大企业的技术创新容易被同地区其他企业模仿和抄袭，并不能得到预期创新带来的收益，反而因为前期投入较大，产品定价过高，在市场竞争中失去价格优势，失去持续创新的动力，也会放缓对经济增长的作用，并且可能出现抑制作用（吴三忙和李善同，2011）。

为了分析产业集聚外部性对经济增长的影响，通过式（6－1）和式（6－4）计算中国 280 个城市 2004～2016 年的 MAR 外部性，并利用 Stata 做出散点图，其中横轴为 MAR 外部性指标，纵轴为人均 GDP 的自然对数（见图 6－1）。图中关于 MAR 外部性对经济增长的影响，说明 MAR 外部

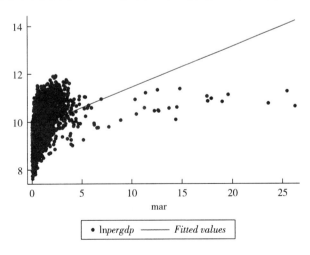

图 6－1　MAR 外部性与经济增长的散点图

性对经济增长有正影响，但是这种影响程度会随着集聚程度的提高而逐步减弱。因此，我们可以提出以下假设：

假设6-1：MAR外部性能够促进经济增长，但是随着产业集聚专业化程度的提高，这种效应会减弱。

2. Jacobs外部性对经济增长影响的研究假设

根据第三章的理论分析，Jacobs外部性通过资源配置效应、分工协作效率、协同创新效率对经济增长产生影响。当然在Jacobs外部性效应分析中，还要考虑中国众多城市的实际情况。中国的产业多样化集聚过程、产业的前后向关联并不紧密，分工协作的配合程度并不强，很多地区的开发区作为工业发展的集聚地，即使有不同的制造业集聚、不同的生产性服务业配套，但是能为开发区内部企业服务的比例偏低。如此，资源配置效率、分工合作效率不能发挥甚至有可能抑制地方经济的发展。另外，不同产业之间知识和技术的协同创新因为基础技术人才的缺乏以及产学研体系的不完善，并不能产生预期的协同创新效率，有可能导致创新投入的失败，抑制经济的发展。现有的文献分析中，有很多研究得出的结果是不显著的或者是为负的。

为了分析产业集聚外部性对经济增长的影响，通过式（6-2）和式（6-4）计算中国280个城市2004~2016年的Jacobs外部性，并利用Stata做出散点图，其中横轴为Jacobs外部性指标，纵轴为人均GDP的自然对数（见图6-2）。图中关于Jacobs外部性对经济增长的影响，说明Jacobs外部性与经济增长呈正相关，Jacobs外部性指数越高，对经济增长的促进作用越大。因此，我们可以提出以下假设：

假设6-2：Jacobs外部性的提高对经济增长具有正向的促进作用。

3. Porter外部性对经济增长影响的研究假设

根据第三章的理论分析，Porter外部性是通过规模经济、资源配置、技术创新对经济增长产生影响。但竞争化效应带给企业的不仅是对技术创新的动力，还有压力，竞争化环境中对企业提出了更高的要求。在竞争化的环境中，企业必须具备一定的基础实力，包括人才储备、资金投入、激

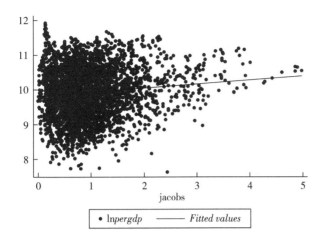

图 6-2 Jacobs 外部性与经济增长的散点图

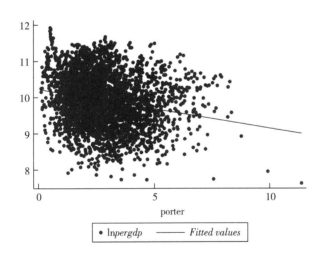

图 6-3 Porter 外部性与经济增长的散点图

励环境等，缺少这些基本条件，企业容易在竞争环境中失败，尤其是传统产业和技术含量高的产业。正是由于高度竞争的产业发展环境，如果在制度设定和创新环境不佳的情况下，技术创新容易被模仿，从而造成恶性竞争，产业整体技术创新环境会受损。因此，Porter 外部性有可能带来技术的进步，也有可能带来产业恶性竞争。

为了分析产业集聚外部性对经济增长的影响，通过式（6-3）和式（6-4）计算中国 280 个城市 2004～2016 年的 Porter 外部性，并利用 Stata 做出散点图，其中横轴为 Porter 外部性指标，纵轴为人均 GDP 的自然对数。图中关于 Porter 外部性对经济增长的影响，说明 Porter 外部性与经济增长呈负相关，Porter 外部性指数越高，对经济增长的促进作用越大。因此，我们可以提出以下假设：

假设 6-3：Porter 外部性的提高对经济增长具有负向的抑制作用。

（二）模型选择

由于本章研究的是产业集聚外部性除影响本地区的经济增长外，还会对周边的经济增长有影响，同时周边地区的产业集聚外部性也会对本地区的产业集聚有反馈效应，因此使用空间面板计量模型。

与上一章相同，本章采用空间面板杜宾模型，对应的被解释变量 y_{it} 为人均 GDP（$lnpergdp$），x_{it} 为核心解释变量集，包括 MAR 外部性、Jacobs 外部性、Porter 外部性。$cont_{it}$ 为控制变量集，包括固定资本存量（$lncapital$）、人力资本（$lnhum$）、基础设施（$lnroad$）、政府规模（gov）、外商直接投资（fdi）、对外开放程度（$open$）。w_{ij} 为空间权重矩阵，采用的是根据两个地区之间空间是否相邻来设定 0 与 1 的权重矩阵。β 为待估参数。因此最后的模型形式为：

$$lnpergdp = \rho \sum_{j=1}^{n} w_{ij} lnpergdp + \alpha_1 mar_{it} + \alpha_2 jacobs_{it} + \alpha_3 porter_{it} + \gamma_{it}$$

$$\sum_{j=1}^{n} w_{ij} X_{it} + \delta cont_{it} + \theta \sum_{j=1}^{N} w_{it} cont_{it} + \mu_i + \varepsilon_{it} \qquad (6-5)$$

同时为了研究三种外部性对产业集聚的影响变化，特引入二次项，模型形式为：

$$lnpergdp = \rho \sum_{j=1}^{n} w_{ij} lnpergdp + \beta_1 mar_{it} + \beta_2 mar_{it}^2 + \gamma_{it} \sum_{j=1}^{n} w_{ij} X_{it} +$$

$$\delta cont_{it} + \theta \sum_{j=1}^{N} w_{it} cont_{it} + \mu_i + \varepsilon_{it} \qquad (6-6)$$

$$\text{ln}pergdp = \rho \sum_{j=1}^{n} w_{ij}\text{ln}pergdp + \beta_1 jacobs_{it} + \beta_2 jacobs_{it}^2 + \gamma_{it} \sum_{j=1}^{n} w_{ij}X_{it} +$$

$$\delta\, cont_{it} + \theta \sum_{j=1}^{N} w_{it}\, cont_{it} + \mu_i + \varepsilon_{it} \qquad (6-7)$$

$$\text{ln}pergdp = \rho \sum_{j=1}^{n} w_{ij}\text{ln}pergdp + \beta_1 porter_{it} + \beta_2 porter_{it}^2 + \gamma_{it} \sum_{j=1}^{n} w_{ij}X_{it} +$$

$$\delta\, cont_{it} + \theta \sum_{j=1}^{N} w_{it}\, cont_{it} + \mu_i + \varepsilon_{it} \qquad (6-8)$$

三、变量选取与数据描述

（一）变量选取

根据式（6-1）、式（6-2）、式（6-3）的面板模型设计，同时考虑实证对象的特征，本章的变量分为被解释变量、核心解释变量和控制变量三类。以下分别对变量选取依据及采取形式进行论述。

1. 被解释变量

被解释变量是经济增长，用人均 GDP（lnpergdp）作为经济增长的代理变量。这主要参考吴玉鸣（2006）、潘文卿和刘庆（2012）等在研究产业集聚对经济增长的影响时用人均 GDP 衡量经济增长的做法。

2. 核心解释变量

根据前文理论分析，本章旨在检验产业集聚外部性对经济增长的影响，因此，核心解释变量有 MAR 外部性、Jacobs 外部性、Porter 外部性三个。

3. 控制变量

控制变量根据理论分析需要，包括固定资本存量（lncapital）、人力资本（lnhum）、基础设施（lnroad）、政府规模（gov）、外商直接投资（fdi）、对外开放程度（open）。与第五章一致，这里不再赘述。

（二）数据描述

1. 数据来源

所有变量数据来自历年《中国城市统计年鉴》，除西藏、青海、新疆、海南外的各省统计年鉴及各地区统计年鉴。主要变量计算公式、数据来源如表6-2所示。

表6-2　数量来源及变量计算说明

变量分类	变量名称	代理变量	计算方法
被解释变量	人均地区生产总值（lnpergdp）	lnpergdp	取对数
核心解释变量	MAR 外部性（mar）	Mar	式（6-1）
	Jacobs 外部性（jacobs）	Jacobs	式（6-2）
	Porter 外部性（porter）	Porter	式（6-3）
控制变量	固定资本存量（lncapital）	固定资本存量取对数	采取张军等（2004）关于固定资本存量的计算方法（万元）
	人力资本（lnhum）	高等学校学生人数	取对数
	基础设施（lnroad）	人均城市道路面积取对数	年末实有城市道路面积/年末总人口（万平方米/万人）
	政府规模（gov）	地方财政预算内支出与地区生产总值的比值	地方财政预算内支出/地区生产总值（万元/万元）
	外商直接投资（fdi）	外商直接投资与地区生产总值的比值	外商直接投资/地区生产总值（万元/万元）
	对外开放程度（open）	进出口总额与地区生产总值的比值	进出口总额/地区生产总值（万元/万元）

2. 数据描述性统计

（1）所有变量的描述性统计。根据前文对数据来源和数据处理的介绍，综合各变量的整理情况，对本章实证用到的数据进行描述性统计分析，具体如表6-3所示。

表6-3 主要变量描述性统计

变量	均值	标准差	最小值	最大值	观测数（个）
lnpergdp	9.93	0.71	7.62	11.92	3640
mar	1.04	1.43	0.01	26.3	3640
porter	2.77	1.37	0.13	11.37	3640
jacobs	0.96	0.65	0.00	4.98	3640
mar^2	3.11	24.20	0.0001	691.69	3640
$porter^2$	9.53	9.80	0	129.28	3640
$jacobs^2$	1.33	2.12	0	24.80	3640
lnhum	10.03	2.15	0	13.87	3640
lncapital	16.65	1.18	13.45	20.15	3640
lnroad	0.87	0.94	-5.62	4.29	3640
gov	0.16	0.10	0.02	1.56	3640
fdi	0.02	0.02	0.00	0.16	3640
open	0.21	1.28	0.00	27.86	3640

注：所有数值尽可能保留两位有效数字，所有虚拟变量未统计描述。

（2）空间相关性检验。根据 Moran's I 指数计算中国 280 个城市2004～2016 年三个外部性的空间相关性检验结果，如表6-4至表6-6所示。

表6-4 MAR 外部性空间相关性检验结果

年份	Moran's I	E（I）	Sd（I）	Z	P-value*
2004	0.098	-0.004	0.027	1.418	0.003
2005	0.034	-0.004	0.027	1.418	0.156
2006	0.036	-0.004	0.027	1.473	0.141
2007	0.047	-0.004	0.030	1.666	0.096
2008	0.060	-0.004	0.031	2.077	0.038

年份	Moran's I	E（I）	Sd（I）	Z	P－value*
2009	0.040	－0.004	0.030	1.461	0.144
2010	0.036	－0.004	0.029	1.352	0.176
2011	0.019	－0.004	0.026	0.864	0.387
2012	0.047	－0.004	0.031	1.608	0.108
2013	0.076	－0.004	0.031	2.547	0.011
2014	0.001	－0.004	0.029	0.159	0.874
2015	0.122	－0.004	0.033	3.814	0.000
2016	0.196	－0.004	0.035	5.664	0.000

表6－5 Jacobs外部性空间相关性检验结果

年份	Moran's I	E（I）	Sd（I）	Z	P－value*
2004	0.148	－0.004	0.035	4.288	0.000
2005	0.156	－0.004	0.036	4.478	0.000
2006	0.225	－0.004	0.036	6.415	0.000
2007	0.264	－0.004	0.036	7.513	0.000
2008	0.322	－0.004	0.036	9.136	0.000
2009	0.371	－0.004	0.036	10.523	0.000
2010	0.370	－0.004	0.036	10.493	0.000
2011	0.315	－0.004	0.036	8.940	0.000
2012	0.342	－0.004	0.036	9.703	0.000
2013	0.346	－0.004	0.036	9.830	0.000
2014	0.298	－0.004	0.036	8.490	0.000
2015	0.263	－0.004	0.036	7.514	0.000
2016	0.292	－0.004	0.036	8.313	0.000

表6－6 Porter外部性空间相关性检验结果

年份	Moran's I	E（I）	Sd（I）	Z	P－value*
2004	0.253	－0.004	0.035	7.245	0.000
2005	0.316	－0.004	0.035	9.034	0.000

年份	Moran's I	E（I）	Sd（I）	Z	P – value*
2006	0.338	－0.004	0.035	9.653	0.000
2007	0.380	－0.004	0.035	10.847	0.000
2008	0.397	－0.004	0.035	11.355	0.000
2009	0.438	－0.004	0.035	12.494	0.000
2010	0.428	－0.004	0.035	12.202	0.000
2011	0.419	－0.004	0.035	11.915	0.000
2012	0.425	－0.004	0.035	12.101	0.000
2013	0.446	－0.004	0.035	12.686	0.000
2014	0.424	－0.004	0.035	12.070	0.000
2015	0.402	－0.004	0.035	11.444	0.000
2016	0.410	－0.004	0.035	11.652	0.000

四、实证结果分析

（一）全国层面结果分析

关于产业集聚外部性对经济增长的影响，分别从 MAR 外部性、Jacobs 外部性、Porter 外部性角度进行分析，从表 6 - 7 可以看出，产业集聚外部性对经济增长的影响方向、强度和显著性水平方面均存在较大差异。R^2 值在 0.9 以上，说明模型具有较强的解释力度。

1. MAR 外部性与经济增长

MAR 外部性对经济增长的空间效应非常显著，而且在三个外部性中系数偏小。从全国层面（表 6 - 7）的模型（1）、模型（5）可以看出，MAR

外部性与经济增长呈倒 U 形关系，即随着产业专业化程度的提高，MAR 外部性对经济增长的效应从正效应向负效应转变，当 MAR 外部性较小时，其对经济增长的影响逐步增大，这说明在制造业集聚较高的城市，产业专业化程度较高，规模经济的效应明显，产业集聚能够促进区域空间内生产要素流动与集中，从而对经济增长具有正效应。但是当专业化程度超过拐点，MAR 外部性对经济增长会呈现抑制作用，这也是产业集聚拥塞效应的体现。

表 6 - 7 产业集聚效应异质性对经济增长影响的空间杜宾模型估计结果（全国层面）

变量	模型（1）	模型（2）	模型（3）	模型（4）	模型（5）	模型（6）	模型（7）
mar	0.033*** (9.99)			0.023*** (6.83)	0.067*** (10.94)		
jacobs		-0.051*** (-6.15)		0.021* (1.73)		-0.115*** (-6.59)	
porter			-0.036*** (-10.65)	-0.037*** (-7.26)			-0.070*** (-8.27)
mar2					-0.002*** (-6.39)		
jacobs2						0.020*** (4.21)	
porter2							0.005*** (4.52)
lncapital	0.428*** (52.60)	0.425*** (53.91)	0.425*** (54.09)	0.428*** (55.95)	0.428*** (52.62)	0.433*** (57.50)	0.432*** (60.01)
lnhum	0.003 (1.62)	0.001 (0.70)	0.001 (0.54)	0.002 (1.00)	0.003 (1.37)	-0.001 (-0.17)	-0.001 (-0.05)
gov	-0.204*** (-4.91)	-0.225*** (-5.39)	-0.233*** (-5.63)	-0.221*** (-5.35)	-0.209*** (-5.05)	-0.247*** (-5.93)	-0.204*** (-4.92)
lnroad	0.052*** (6.40)	0.055*** (6.74)	0.058*** (7.18)	0.059*** (7.19)	0.048*** (6.01)	0.058*** (7.13)	0.060*** (7.42)

变量	模型（1）	模型（2）	模型（3）	模型（4）	模型（5）	模型（6）	模型（7）
open	-0.003 （-0.44）	-0.004 （-0.56）	-0.006 （-0.89）	-0.006 （-0.94）	-0.004 （-0.66）	-0.006 （-0.95）	-0.008 （-1.29）
fdi	-0.243 （-1.45）	-0.233 （-1.38）	-0.146 （-0.87）	-0.118 （-0.71）	-0.263 （-1.58）	-0.111 （-0.66）	-0.038 （-0.23）
_cons	1.513*** （18.55）	1.718*** （21.04）	1.940*** （22.53）	2.019*** （21.24）	1.520*** （18.50）	1.955*** （23.66）	2.185*** （25.43）
$W \times mar$	0.010 （0.44）			-0.083*** （-3.35）	-0.129*** （-3.48）		
$W \times jacobs$		-0.140*** （-3.59）		0.104 （1.53）		-0.412*** （-8.61）	
$W \times porter$			-0.076*** （-4.59）	-0.137*** （-4.42）			-0.760*** （-8.18）
$W \times mar2$					0.010*** （4.12）		
$W \times jacobs2$						0.045*** （7.56）	
$W \times porter2$							0.199*** （7.38）
ρ	0.335*** （7.86）	0.336*** （8.25）	0.297*** （7.14）	0.259*** （6.22）	0.337*** （7.87）	0.264*** （7.17）	0.281*** （7.29）
R-sq within	0.9162	0.9160	0.9183	0.9191	0.9170	0.9174	0.9189

注：括号内为 Z 统计量，***、**、*分别表示通过 1%、5%、10% 水平下的显著性检验。

2. Jacobs 外部性与经济增长

Jacobs 外部性对经济增长的影响具有负显著性，并呈现 U 形，即说明 Jacobs 外部性对经济增长的影响先呈现负效应，当超过拐点时则会对经济增长产生正效应。从全国层面（表 6-7）模型（2）、模型（6）中可以看出，我国产业集聚的多样化协调发展带来的知识和技术溢出效应还未显现，制造业与生产性服务业共同发展还有所欠缺，尤其是产业链具有互补性和关联性强的产业多样化并未发展，这样也就没有办法做到频繁的知识和技术交流，无法提高生产效率，促进不了经济增长，但是，随着多样化的进一步协调发展，这些效应开始显现时，Jacobs 外部性对经济增长的作用将会由负效应转为正效应。

3. Porter 外部性与经济增长

Porter 外部性对经济增长的影响具有负显著性，并呈现出 U 形，即说明 Porter 外部性对经济增长的影响先呈现负效应，当超过拐点时则会对经济增长产生正效应。从全国层面（表6-7）模型（3）、模型（7）中可以看出，我国产业集聚的竞争化带来的知识和技术溢出效应还未显现，对生产效率还未有促进作用，但是随着市场化程度的提升以及政府服务意识的转变，企业在规范化的竞争市场中主动性更强，创新活力更大，对经济增长会有长期的促进作用，Porter 外部性对经济增长的作用也将会由负效应转为正效应。

4. 外部性与经济增长的空间溢出效应

总体而言，外部性的空间溢出效应为负，这与第五章的结论基本契合，当经济发展水平处于较低阶段时，集聚所产生的外部性有利于本地区经济的增长，对周边地区的资源产生虹吸效应。但是从外部性的二次项而言，当外部性超过一定阶段后，其对周边地区的经济增长将产生正向的溢出效应。

其他控制变量的结果与第五章相似，这里不再赘述。

（二）区域层面结果分析

1. MAR 外部性与经济增长

分区域来看（见表6-8），MAR 外部性对经济增长的影响差异较大，东部地区的系数为 0.040，中部地区的系数为 0.082，西部地区的系数为 0.024，可以看出 MAR 外部性对于发达地区虽然能够促进经济增长，但是影响程度比中部地区弱。这是因为东部地区制造业整体集聚水平已经处于

表6-8　产业集聚效应异质性对经济增长影响的空间杜宾模型估计结果（区域层面）

变量	模型（1）			模型（2）			模型（3）			模型（4）		
	东部	中部	西部	东部	中部	西部	东部	中部	西部	东部	中部	西部
mar	0.040*** (4.65)	0.082*** (9.19)	0.024*** (5.68)							0.015 (1.47)	0.060*** (6.22)	0.021*** (4.75)
jacobs				-0.047*** (-4.35)	-0.017 (-1.21)	-0.125*** (-5.59)				0.001 (0.08)	0.064*** (2.83)	-0.029 (-0.66)
porter							-0.045*** (-7.02)	-0.027*** (-5.26)	-0.040*** (-6.11)	-0.039*** (-3.83)	-0.035*** (-4.02)	-0.028** (-2.11)
lncapital	0.448*** (37.99)	0.462*** (42.37)	0.482*** (38.76)	0.439*** (35.22)	0.467*** (46.99)	0.472*** (38.81)	0.432*** (33.78)	0.458*** (49.72)	0.468*** (37.19)	0.438*** (36.48)	0.448*** (49.46)	0.471*** (37.92)
lnhum	-0.011** (-2.12)	0.007 (1.61)	-0.002 (-0.69)	-0.010** (-2.06)	0.006 (1.41)	-0.005 (-1.53)	-0.010* (-1.95)	0.007 (1.63)	-0.004 (-1.37)	-0.011** (-2.11)	0.007 (1.59)	-0.002 (-0.67)
gov	0.014 (0.18)	-1.001*** (-8.87)	-0.166*** (-2.81)	0.027 (0.35)	-1.037*** (-9.01)	-0.207*** (-3.48)	0.033 (2.53)	-0.911*** (-7.96)	0.217*** (-3.68)	0.032 (0.42)	-0.866*** (-7.73)	-0.202*** (-3.44)
lnroad	0.057*** (3.33)	0.054*** (3.96)	0.059*** (4.62)	0.054*** (3.20)	0.061*** (4.42)	0.069*** (5.33)	0.042*** (2.53)	0.062*** (4.57)	0.068*** (5.31)	0.047*** (2.78)	0.054*** (4.06)	0.066*** (5.19)

续表

变量	模型（1）			模型（2）			模型（3）			模型（4）		
	东部	中部	西部	东部	中部	西部	东部	中部	西部	东部	中部	西部
open	0.0009 (0.01)	-0.091* (-1.89)	-0.021 (-0.94)	0.0005 (0.09)	-0.056 (-1.14)	-0.029 (-1.30)	-0.002 (-0.89)	-0.084* (-1.74)	-0.028 (-1.27)	-0.001 (-0.24)	-0.095** (-1.99)	-0.026 (-1.17)
fdi	-0.470* (-1.90)	0.319 (1.21)	1.661*** (2.61)	-0.386 (-1.59)	0.355 (1.32)	1.821*** (2.86)	-0.146 (-1.81)	0.512* (1.92)	1.819*** (2.86)	-0.383 (-1.56)	0.538** (2.07)	1.911*** (3.03)
_cons	1.689*** (9.67)	1.598*** (13.13)	1.099*** (8.35)	1.776*** (10.30)	1.798*** (15.41)	1.463*** (9.15)	1.828*** (10.30)	2.091*** (17.81)	1.445*** (8.93)	1.947*** (9.89)	2.245*** (16.97)	1.402*** (8.48)
$W \times mar$	-0.014	-0.044 (-1.50)	0.010 (0.50)							-0.045 (-1.28)	-0.212*** (-5.95)	0.001 (0.06)
$W \times jacobs$				0.020 (0.74)	-0.223*** (-5.48)	-0.065 (-0.83)				0.076 (1.55)	0.082 (1.08)	-0.188 (-1.07)
$W \times porter$							0.019 (1.15)	-0.091*** (-6.26)	-0.008 (-0.35)	-0.032 (-0.96)	-0.161*** (-5.29)	0.044 (0.87)
ρ	0.154*** (4.07)	0.116*** (3.28)	0.138*** (3.60)	0.182*** (4.41)	0.098*** (3.37)	0.130*** (3.50)	0.206*** (4.64)	0.079*** (3.17)	0.147*** (3.68)	0.174*** (4.31)	0.098*** (4.25)	0.133*** (3.45)
R-sq within	0.9044	0.9269	0.9231	0.9048	0.9246	0.9234	0.9081	0.9271	0.9236	0.9077	0.9303	0.9251

注：括号内为 Z 统计量，***、**、*分别表示通过 1%、5%、10%水平下的显著性检验。

较高的基础，经济基础也处于较高水平。从全国层面（表6-7）的模型（5）可以知道，MAR外部性与经济增长呈现倒U形，这也正是东部地区的系数低于中部地区的原因。对于中部地区，随着东部地区产业结构优化和转型，制造业向中、西部地区进行转移，中部地区比西部地区原有的制造业产业基础要好，能够更好地承接产业转移，并且在产业转移承接过程中可以选择技术含量较高、产业附加值较高的产业。现阶段中部地区正处于制造业集聚发展各方面效应协调较好的时期，因此，产业专业化的空间效应最好。

2. Jacobs外部性与经济增长

分区域来看，Jacobs外部性对经济增长的空间效应为负，东部和西部显著，只有中部地区不显著。而且在影响系数方面，东部地区最大，西部次之，中部最小。东部地区随着产业转型升级以及环境容量和发展空间的限制，制造业产业集聚指数呈现下降趋势。部分生产性服务业随着制造业的转移而转移，部分生产性服务业的集聚壮大还需一定的发展时期，造成产业的多样化外部性较差，抑制了经济增长。西部地区不管是制造业还是生产性服务业，以及两者之间的协调和互动都处于相对较低的水平，所以尽管Jacobs外部性对经济增长的空间效应为负，但是系数比调整期内的东部地区小。反而是处于制造业蓬勃发展阶段，对生产性服务业有较大需求，近年来也提出大力推动生产性服务业发展的中部地区尽管是负效应，但是系数最低，对经济增长的抑制作用最小。同时从侧面反映出制造业与生产性服务业的协调互动能够更优化，Jacobs外部性对经济增长的负效应更小。

3. Porter外部性与经济增长

Porter外部性对经济增长的空间效应为负显著性，而且是在最发达和最不发达地区的系数偏高（东部的系数为-0.045、西部为-0.040、中部为-0.027），说明在产业集聚水平较高的地方，由于产业内的高度竞争，容易导致企业的技术创新被模仿。对于企业来说，技术创新需要投入，但是技术创新带来的收益和效率低下，从而使得企业的创新积极性不高，不利于知识和技术溢出效应的发挥，甚至可能会起到抑制作用，同时有可能导致企业往外围城市转移。在产业集聚最不发达的西部地区，制造业集聚内的企业技术水平含量较低，企业对创新的需求较低，整个集聚内部的知识和技术溢出较弱，进而导致整个产业的技术创新动力不足，整体技术水平含量低，产业发展后劲不足。从这里也可以看出，我国制造业整体竞争激烈且技术含量低，企业自主创新的积极性不高。这里得出的结论与杨仁发（2013）的比较一致。

4. 外部性与经济增长的空间溢出效应

总体而言，东、中、西部的外部性与经济增长的空间溢出效应并不显著，仅在个别地区的作用显著。在东部与中部地区，MAR 的外部性空间溢出为负，意味着本地区的专业化水平的提升抑制了周边地区经济的增长，西部地区的这种作用并不明显。东部地区 Jaocbs 外部性对周边地区产生正向的促进作用，在一定程度上意味着，产业的多样化升级导致部分产业的迁出，有利于周边地区经济的增长。而在中、西部地区，产业多样化却对周边地区产生了抑制作用。就 Porter 外部性而言，其作用的方向与 Jaocbs 外部性一致。

其他控制变量的结果与第五章相似，这里不再赘述。

五、本章小结

本章主要研究产业集聚外部性对经济增长的影响。根据分析可以得出以下结论：

MAR 外部性与经济增长呈现倒 U 形，即随着产业专业化程度的提高，MAR 外部性对经济增长的效应从正效应向负效应转变，这个拐点位置在 MAR 外部性为 $16.75\left[\frac{-\beta_1}{(2\beta_2)}\right]$。当 MAR 外部性小于 16.75 时，其 MAR 外部性对经济增长具有显著的正效应。但是当专业化程度超过拐点，MAR 外部性对经济增长会呈现抑制作用，这也是产业集聚拥塞效应的体现。分区域来看，MAR 外部性对经济增长的影响在东、中、西部地区都具有显著的正效应，但是三个区域的影响系数差异较大，东部地区的系数为 0.04、中部地区的系数为 0.082、西部地区的系数为 0.024。

Jacobs 外部性对经济增长的影响具有负显著性，并呈现 U 形，即说明 Jacobs 外部性对经济增长的影响先呈现负效应，当超过拐点时则会对经济增长产生正效应，拐点值为 2.88。分区域层面看，东、中、西部地区 Jacobs 外部性对经济增长的空间效应为负，东部和西部地区显著，只有中部地区不显著。

Porter 外部性对经济增长的影响具有负显著性，并呈现 U 形，即说明 Porter 外部性对经济增长的影响先呈现负效应，当超过拐点时则会对经济增长产生正效应，拐点值为 7。分区域层面看，东、中、西部地区 Porter 外部性对经济增长具有显著性负效应，而且是在最为发达和最不发达地区的系数偏高（东部地区的系数为 -0.045，西部地区的系数为 -0.040，中部地区的系数为 -0.027）。

外部性的空间溢出效应为负。当经济发展水平处于较低阶段时，集聚所产生的外部性主要有利于本地区经济的增长，对周边地区的资源产生虹吸效应。但是从外部性的二次项而言，当外部性超过一定阶段后，其对周边地区的经济增长将产生正向的溢出效应。

第七章
产业集聚空间异质性对
经济增长影响的实证研究

　　根据产业集聚空间异质性的不同分类，本书分别从古典经济学、新经济地理学、新制度经济学理论出发，梳理出相对应的空间异质性最直观的三个表征变量，分别为人口规模异质性、地理区位异质性和行政等级异质性。城市人口规模异质性指人口规模的大小；地理区位异质性指沿海城市与内陆城市的区别；行政等级异质性指高行政等级城市和低行政等级城市的区别。其中高行政等级城市为4个直辖市、15个副省级城市以及余下的13个省会城市。

　　本章在前两章研究内容的基础上，进一步考察产业集聚空间异质性对经济增长的影响，通过产业集聚指数、外部性指数与代表空间异质性的三个变量（人口规模、沿海城市虚拟变量、高行政等级城市虚拟变量）构建交互项进行分析。

一、研究假设与模型选择

（一）研究假设

1. 人口规模异质性视角下产业集聚对经济增长影响的研究假设

从第三章的分析可以知道，产业集聚对经济增长的影响受到城市人口规模的作用。人口规模越大，基础设施建设、交通区位条件、产业上下关联配套，包括政府政策制度都要优于中小规模城市，对产业集聚高质量发展具有促进作用，从而带来经济增长。

但是，人口也存在最优规模。随着人口规模越来越大，城市中的交通成本、租金成本、住房成本等不断上升，受城市发展空间的局限，城市规模的受限制程度不断增大。当城市人口增加的成本大于收益时，产业集聚对经济增长的影响正效应越来越小，甚至会抑制经济增长。于斌斌（2017）在研究城市群产业集聚对经济效率差异的门槛效应时指出，产业集聚对城市经济增长和效率提升的外部性会受到城市规模的约束，产业集聚只有在一定规模范围内才能产生规模报酬递增效益，实现规模经济，促进城市经济增长和效率改善。

本章利用 Stata14.0 做出人口规模和不同产业集聚类型交互项、人口规模和不同产业集聚效应交互项与经济增长的散点图与拟合曲线（见图 7 - 1 和图 7 - 2）。其中横轴为各个交互项，纵轴为人均 GDP。结合以上分析，本章提出以下假设：

假设 7 - 1：不同人口规模的城市，产业集聚对经济增长的影响存在差异，产业集聚外部性对经济增长的影响也存在差异。

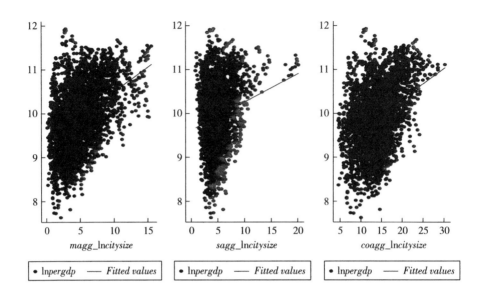

图 7 – 1　产业集聚类型异质性和人口规模交互项与经济增长的散点图

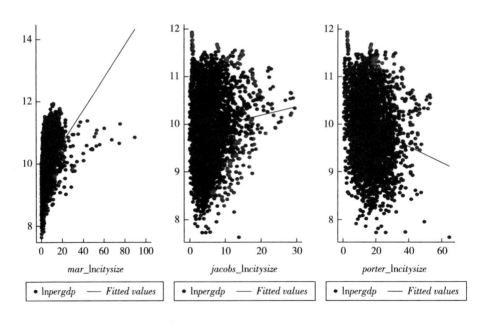

图 7 – 2　产业集聚效应异质性和人口规模交互项与经济增长的散点图

2. 地理区位异质性视角下的产业集聚对经济增长影响的研究假设

从第三章的分析可以知道，产业集聚对经济增长的影响受到城市地理区位的作用。区位理论关于产业空间集聚的重要观点就是地理区位的比较优势、是产业集聚的初始条件。因为城市具有地理区位的优势，开始吸引企业集中，产生集聚效应，带来规模经济，同时又由于产业集聚的自我增强机制，最终形成具有优于其他城市的高度产业集聚。

但是就中国的实际情况来看，沿海城市的产业集聚主要包括两类：一类是以工业为主（如东莞、惠州等）；另一类是以旅游服务业为主（如北海、厦门等），沿海城市不同产业发展战略的选择影响了产业集聚对经济的增长。从某种程度而言，沿海城市的制造业发展已经到了非常高的水平，正受到各种发展条件的制约，已经向内陆城市转移。在这个过程中，其他类型的产业集聚还未形成规模，因此，也可能对经济增长有抑制作用。所以，沿海城市虽然具有区位优势，但是产业集聚对经济增长的作用不一定是正效应。

另外，由于沿海城市的产业多样化发展略有欠缺，以及产业集聚对外转移的影响，产业前后向关联及互补性技术的交流沟通在同一城市空间范围不能体现，造成了 Jacobs 外部性对经济增长的影响存在一定的抑制作用。由于自由竞争市场环境正在完善过程中，同一产业内部技术创新同样水平不高，因此，Porter 外部性还可能发挥不出对经济增长积极的促进作用。结合以上分析，本章提出以下假设：

假设 7-2：沿海城市制造业、生产性服务业集聚对经济增长的影响有可能是负效应，协同集聚对经济增长的影响可能是正效应。MAR 外部性对经济增长可能是正效应，Jacobs 外部性效应和 Porter 外部性对经济增长的影响可能是负效应。

3. 行政等级异质性视角下产业集聚对经济增长影响的研究假设

从第三章的分析可以知道，产业集聚对经济增长的影响受到城市行政等级高低的作用。在中国特色社会主义的体制机制下，产业集聚对经济增长的影响受到政府政策的影响较大。从城市行政等级异质性角度来看，中国城市受到优惠政策的程度与其行政等级密切相关。一个城市的行政等级越高，其可能得到的再分配资源就越多，对人口、资金、技术等生产要素的吸引力就越大。

对于我国绝大部分高行政等级城市而言，制造业集聚度已经处于逐步下降的阶段。但是许多高行政等级城市集聚内的制造企业大部分是科技含量高、附加值大的企业，在产业集聚发展战略上主要还是偏向服务业（包括生产性服务业）。从第四章的测度结果也可以看出，生产性服务业集聚指数已经高于制造业集聚水平。因此，对于高行政等级城市而言，制造业、生产性服务业集聚对经济增长有可能还是正效应，但是前者的影响系数可能会大于后者。对于制造业与生产性服务业协同集聚来说，由于高行政等级城市侧重发展生产性服务业，制造业更多向外围城市转移。因此，产业协同集聚质量可能较低，对经济增长的影响有可能为负。

高行政等级城市的 MAR 外部性还是比较高的，由此带来的规模经济、知识和技术的溢出效应较好，能够带来产业竞争力和生产效率的提升。高行政等级城市在经济发展过程中，由于行政级别较高，对产业进入的管制和制约权力较大，因此，竞争化的外部性效果不能很好地凸显，有可能会抑制经济增长。但是如果能够在自由竞争的市场环境下，加上便于知识和技术溢出的条件，高行政等级城市的 Porter 外部性对经济增长应该是有促进作用的。结合以上分析，本章提出如下假设：

假设 7-3：高行政等级城市制造业产业集聚对经济增长的影响为负，生产性服务业集聚对经济增长的影响为正，协同集聚对经济增长的影响为负。产业集聚外部性的影响会存在较大差异。

（二）模型选择

由于本章研究产业集聚空间异质性视角下产业集聚类型异质性和效应异质性除影响本地区的经济增长外，还会对周边的经济增长有影响，同时周边地区的产业集聚也会对本地区的产业集聚有反馈效应，因此，本章使用空间面板计量模型。

与第五章和第六章相同，本章采用空间面板杜宾模型，对应的被解释变量 y_{it} 为人均 GDP（lnpergdp），x_{it} 为解释变量集，包括制造业集聚与人口规模的交互项（magg_ lncitysize）、生产性服务业集聚与人口规模的交互项（sagg_ lncitysize）、协同集聚与人口规模的交互项（coagg_ lncitysize）、制造业集聚与沿海城市的交互项（magg_ yhcity）、生产性服务业集聚与沿海城市的交互项（sagg_ yhcity）、协同集聚与沿海城市的交互项（coagg_ yhcity）、制造业集聚与高行政等级城市的交互项（magg_ shcity）、制造业集聚与高行政等级城市的交互项（sagg_ shcity）、制造业集聚与高行政等级城市的交互项（coagg_ shcity）；MAR 外部性与城市规模的交互项（mar_ lncitysize）、Jacobs 外部性与城市规模的交互项（jacobs_ lncitysize）、Porter 外部性与城市规模的交互项（porter_ lncitysize）、MAR 外部性与沿海城市的交互项（mar_ yhcity）、Jacobs 外部性与沿海城市的交互项（jacobs_ yhcity）、Porter 外部性与沿海城市的交互项（porter_ yhcity）、MAR 外部性与高行政等级城市的交互项（mar_ shcity）、Jacobs 外部性与高行政等级城市的交互项（jacobs_ shcity）、Porter 外部性与高行政等级城市的交互项（porter_ shcity）。$cont_{it}$ 为控制变量集，包括人力资本（lnhum）、固定资本存量（lncapital）、基础设施（lnroad）、外商直接投资（fdi）、对外开放程度（open）、政府规模（gov）。w_{ij} 为空间权重矩阵，采用的是根据两个地区之间空间是否相邻来设定 0 与 1 的权重矩阵。β 为待估参数。

因此最后的模型形式为：

$$\text{lnpergdp} = \rho \sum_{j=1}^{n} w_{ij}\text{lnpergdp} + \alpha_1 \, magg\_ \, lncitysize_{it} + \alpha_2 \, sagg\_ \, lncitysize_{it} +$$

$$\alpha_3 \, coagg\_ \, lncitysize_{it} + \gamma_{it} \sum_{j=1}^{n} w_{ij}X_{it} + \delta \, cont_{it} + \theta \sum_{j=1}^{N}$$

$$w_{it} \, cont_{it} + \mu_i + \varepsilon_{it} \qquad\qquad (7-1)$$

$$\text{lnpergdp} = \rho \sum_{j=1}^{n} w_{ij}\text{lnpergdp} + \alpha_1 \, magg\_ \, yhcity_{it} + \alpha_2 \, sagg\_ \, yhcity_{it} +$$

$$\alpha_3 \, coagg\_ \, yhcity_{it} + \gamma_{it} \sum_{j=1}^{n} w_{ij}X_{it} + \delta \, cont_{it} + \theta \sum_{j=1}^{N} w_{it}$$

$$cont_{it} + \mu_i + \varepsilon_{it} \tag{7-2}$$

$$
\begin{aligned}
\text{lnpergdp} = {} & \rho \sum_{j=1}^{n} w_{ij}\text{lnpergdp} + \alpha_1\, magg\_\, shcity_{it} + \alpha_2\, sagg\_\, shcity_{it} + \alpha_3 \\
& coagg\_\, shcity_{it} + \gamma_{it} \sum_{j=1}^{n} w_{ij} X_{it} + \delta\, cont_{it} + \theta \sum_{j=1}^{N} w_{it}\, cont_{it} + \\
& \mu_i + \varepsilon_{it}
\end{aligned} \tag{7-3}
$$

$$
\begin{aligned}
\text{lnpergdp} = {} & \rho \sum_{j=1}^{n} w_{ij}\text{lnpergdp} + \alpha_1\, mar\_\, \text{lncitysize}_{it} + \alpha_2\, jacobs\_\, \text{lncitysize}_{it} + \\
& \alpha_3\, porter\_\, \text{lncitysize}_{it} + \gamma_{it} \sum_{j=1}^{n} w_{ij} X_{it} + \delta\, cont_{it} + \theta \sum_{j=1}^{N} w_{it}\, cont_{it} + \\
& \mu_i + \varepsilon_{it}
\end{aligned} \tag{7-4}
$$

$$
\begin{aligned}
\text{lnpergdp} = {} & \rho \sum_{j=1}^{n} w_{ij}\text{lnpergdp} + \alpha_1\, mar\_\, yhcity_{it} + \alpha_2\, jacobs\_\, yhcity_{it} + \alpha_3 \\
& porter\_\, yhcity_{it} + \gamma_{it} \sum_{j=1}^{n} w_{ij} X_{it} + \delta\, cont_{it} + \theta \sum_{j=1}^{N} w_{it}\, cont_{it} + \mu_i + \\
& \varepsilon_{it}
\end{aligned} \tag{7-5}
$$

$$
\begin{aligned}
\text{lnpergdp} = {} & \rho \sum_{j=1}^{n} w_{ij}\text{lnpergdp} + \alpha_1\, mar\_\, shcity_{it} + \alpha_2\, jacobs\_\, shcity_{it} + \alpha_3 \\
& porter\_\, shcity_{it} + \gamma_{it} \sum_{j=1}^{n} w_{ij} X_{it} + \delta\, cont_{it} + \theta \sum_{j=1}^{N} w_{it}\, cont_{it} + \mu_i + \\
& \varepsilon_{it}
\end{aligned} \tag{7-6}
$$

二、变量选取与数据描述

（一）变量选取

根据式（7-1）至式（7-6）的面板模型设计，同时考虑实证对象的特征，变量选取分为被解释变量、核心解释变量和控制变量三类。以下分别对变量选取依据及采取形式进行论述。

1. 被解释变量

被解释变量是经济增长，用人均 GDP（lnpergdp）作为经济增长的代理变量。这主要参考吴玉鸣（2006）、潘文卿和刘庆（2012）等在研究产业集聚对经济增长的影响时用人均 GDP 衡量经济增长的做法。

2. 核心解释变量

本章旨在产业集聚空间异质性视角下产业集聚对经济增长的影响，因此，在前两章的基础上，通过交互项的构建来选取核心解释变量，共有 18 个，分为以下 6 类：

（1）制造业集聚与城市人口规模的交互项（magg_lncitysize）、生产性服务业集聚与城市人口规模的交互项（sagg_lncitysize）、协同集聚与城市人口规模的交互项（coagg_lncitysize）。

（2）制造业集聚与沿海城市的交互项（magg_yhcity）、生产性服务业集聚与沿海城市的交互项（sagg_yhcity）、协同集聚与沿海城市的交互项（coagg_yhcity）。

（3）制造业集聚与高行政等级城市的交互项（magg_shcity）、生产性服务业集聚与高行政等级城市的交互项（sagg_shcity）、协同集聚与高行政等级城市的交互项（coagg_shcity）。

（4）MAR 外部性与人口规模的交互项（mar_lncitysize）、Jacobs 外部性与人口规模的交互项（jacobs_lncitysize）、Porter 外部性与人口规模的交互项（porter_lncitysize）。

（5）MAR 外部性与沿海城市的交互项（mar_yhcity）、Jacobs 外部性与沿海城市的交互项（jacobs_yhcity）、Porter 外部性与沿海城市的交互项（porter_yhcity）。

（6）MAR 外部性与高行政等级城市的交互项（mar_shcity）、Jacobs 外部性与高行政等级城市的交互项（jacobs_shcity）、Porter 外部性与高行政等级城市的交互项（porter_shcity）。

交互项使用的变量中，制造业集聚指数（*magg*）、生产性服务业集聚指数（*sagg*）根据第四章区位熵式（4-1）测算所得；制造业与生产性服务业协同集聚指数（*coagg*）是根据陈建军等（2009）、张虎等（2017）采取的计算方法，具体参照第四章式（4-4）测算所得。MAR 外部性、Jacobs 外部性、Porter 外部性根据第六章式（6-1）至式（6-4）测算所得。沿海城市（*yhcity*）、高行政等级城市（*shcity*）均采用虚拟变量表示，人口规模取对数。

3. 控制变量

控制变量根据理论分析需要主要包括固定资本存量（lncapital）、人力资本（lnhum）、基础设施（lnroad）、政府规模（gov）、外商直接投资（fdi）、对外开放程度（open）。与第五章一致，这里不再赘述。

（二）数据描述

1. 数据来源

所有变量数据均来自历年中国城市统计年鉴、除西藏、青海、新疆、海南外的各省份统计年鉴及各地区统计年鉴。主要变量计算公式、数据来源如表 7-1 所示。

表 7-1　数量来源及变量计算说明

变量分类	变量名称	代理变量	计算方法
被解释变量	人均地区生产总值（lnpergdp）	lnpergdp	取对数
核心解释变量	制造业集聚与人口规模的交互项（*magg_lncitysize*）	$magg \times lncitysize$	区位熵指数［详见第四章式（4-1）］、城市人口规模取对数
	生产性服务业集聚市人口规模的交互项（*sagg_lncitysize*）	$sagg \times lncitysize$	区位熵指数［详见第四章式（4-1）］、城市人口规模取对数
	协同集聚与人口规模的交互项（*coagg_lncitysize*）	$coagg \times lncitysize$	区位熵差异指数［详见第四章式（4-4）］、城市人口规模取对数

续表

变量分类	变量名称	代理变量	计算方法
核心解释变量	制造业集聚与沿海城市的交互项（*magg_yhcity*）	*magg* × *yhcity*	区位熵指数［详见第四章式（4－1）］、沿海城市虚拟变量
	生产性服务业集聚与沿海城市的交互项（*sagg_yhcity*）	*sagg* × *yhcity*	区位熵指数［详见第四章式（4－1）］、沿海城市虚拟变量
	协同集聚与沿海城市的交互项（*coagg_yhcity*）	*coagg* × *yhcity*	区位熵差异指数［详见第四章式（4－4）］、沿海城市虚拟变量
	制造业集聚与高行政等级城市的交互项（*magg_shcity*）	*magg* × *shcity*	区位熵指数［详见第四章式（4－1）］、高行政等级城市虚拟变量
	生产性业集聚与高行政等级城市的交互项（*sagg_shcity*）	*sagg* × *shcity*	区位熵指数［详见第四章式（4－1）］、高行政等级城市虚拟变量
	协同集聚与高行政等级城市的交互项（*coagg_shcity*）	*coagg* × *shcity*	区位熵差异指数［详见第四章式（4－4）］、高行政等级城市虚拟变量
	MAR外部性与人口规模的交互项（*mar_lncitysize*）	*mar* × lncitysize	外部性指数［第六章式（6－1）、式（6－4）］、城市人口规模取对数
	Jacobs外部性与人口规模的交互项（*jacobs_lncitysize*）	*jacobs* × lncitysize	外部性指数［第六章式（6－2）、式（6－4）］、城市人口规模取对数
	Porter外部性与人口规模的交互项（*porter_lncitysize*）	*porter* × lncitysize	外部性指数［第六章式（6－3）、式（6－4）］、城市人口规模取对数
	MAR外部性与沿海城市的交互项（*mar_yhcity*）	*mar* × *yhcity*	外部性指数［第六章式（6－1）、式（6－4）］、沿海城市虚拟变量
	Jacobs外部性与沿海城市的交互项（*jacobs_yhcity*）	*jacobs* × *yhcity*	外部性指数［第六章式（6－2）、式（6－4）］、沿海城市虚拟变量
	Porter外部性与沿海城市的交互项（*porter_yhcity*）	*porter* × *yhcity*	外部性指数［第六章式（6－3）、式（6－4）］、沿海城市虚拟变量
	MAR外部性与高行政等级城市的交互项（*mar_shcity*）	*mar* × *shcity*	外部性指数［第六章式（6－1）、式（6－4）］、高行政等级城市虚拟变量

变量分类	变量名称	代理变量	计算方法
核心解释变量	Jacobs 外部性与高行政等级城市的交互项（jacobs_shcity）	$jacobs \times shcity$	外部性指数〔第六章式（6-2）、式（6-4）〕、高行政等级城市虚拟变量
	Porter 外部性与高行政等级城市的交互项（porter_shcity）	$porter \times shcity$	外部性指数〔第六章式（6-3）、式（6-4）〕、高行政等级城市虚拟变量
控制变量	固定资本存量（lncapital）	固定资本存量取对数	采取张军等（2004）关于固定资本存量的计算方法（万元）
	人力资本（lnhum）	高等学校学生人数	取对数
	基础设施（lnroad）	人均城市道路面积取对数	年末实有城市道路面积/年末总人口（万平方米/万人）
	政府规模（gov）	地方财政预算内支出与地区生产总值的比值	地方财政预算内支出/地区生产总值（万元/万元）
	外商直接投资（fdi）	外商直接投资与地区生产总值的比值	外商直接投资/地区生产总值（万元/万元）
	对外开放程度（open）	进出口总额与地区生产总值的比值	进出口总额/地区生产总值（万元/万元）

2. 数据描述性统计

根据前文对数据来源和数据处理的介绍，综合各变量数据的整理情况，对本章实证用到的数据进行描述性统计分析，具体如表 7-2 所示。

表 7-2　主要变量描述性统计情况

变量	均值	标准差	最小值	最大值	观测数（个）
lnpergdp	9.93	0.71	7.62	11.92	3640
magg_lncitysize	5.04	2.73	0.67	17.39	3640

续表

变量	均值	标准差	最小值	最大值	观测数（个）
sagg_lncitysize	4.78	2.01	0.85	20.14	3640
coagg_lncitysize	14.14	3.85	4.59	30.30	3640
magg_yhcity	0.22	0.52	0	2.74	3640
sagg_yhcity	0.15	0.36	0	2.43	3640
coagg_yhcity	0.50	1.09	0	4.17	3640
magg_shcity	0.09	0.28	0	1.54	3640
sagg_shcity	0.13	0.40	0	2.81	3640
coagg_shcity	0.29	0.90	0	4.17	3640
mar_lncitysize	5.84	5.83	0.05	89.59	3640
jacobs_lncitysize	5.67	3.93	0	29.54	3640
porter_lncitysize	16.41	8.30	0.70	64.74	3640
mar_yhcity	0.25	0.67	0	6.97	3640
jacobs_yhcity	0.25	0.67	0	4.98	3640
porter_yhcity	0.56	1.38	0	8.28	3640
mar_shcity	0.12	0.42	0	4.86	3640
jacobs_shcity	0.70	0.24	0	1.77	3640
porter_shcity	0.23	0.74	0	4.7	3640
lnhum	10.03	2.15	0	13.87	3640
lncapital	16.65	1.18	13.45	20.15	3640
lnroad	0.87	0.94	-5.62	4.29	3640
gov	0.16	0.10	0.02	1.56	3640
fdi	0.02	0.02	0.00	0.16	3640
open	0.21	1.28	0.00	27.86	3640

注：所有数值保留两位有效数字，所有虚拟变量未统计描述。

三、实证结果分析

（一）空间异质性视角下集聚类型对经济增长影响的结果分析

1. 全国层面结果分析

（1）基于人口规模异质性视角的产业集聚对经济增长的影响。从表7-3的实证结果来看，城市人口规模大，制造业集聚对经济增长具有显著正效应，生产性服务业对经济增长具有显著正效应，而生产性服务业对经济增长则是显著负效应。人口规模大的城市大部分经济基础较好，人才等要素集聚较高，产业集聚带来的空间溢出效应更为明显。但是一般大规模城市，如北京、上海等超大型城市，制造业与生产性服务业协同发展略微不平衡，尽管协调水平较高，但是协调质量较差，从产业集聚的角度来看，对经济增长具有抑制作用，这与第四章的测算结果基本一致。

（2）基于地理区位异质性视角的产业集聚对经济增长的影响。根据经济地理学的观点，便利的区域位置利于产业集聚。从实证结果来看，沿海城市制造业集聚对经济增长具有不显著的负效应，生产性服务业集聚对经济增长具有10%水平下的显著负效应，制造业与生产性服务业协同集聚对经济增长具有5%水平的显著正效应。

尽管沿海城市的制造业集聚指数最高，但仍未达到拐点值，对经济的促进作用还未发挥出来。一方面，由于我国沿海整体制造业集聚产业技术水平较低，集聚带来的资源配置效率、技术创新效率未能较好地发挥作用，抑制经济增长；另一方面，由于我国沿海整体制造业集聚水平参差不齐，最高的达到2.0以上，如惠州、泉州、珠海、嘉兴等；最低的在0.6以下，如防城港、钦州、沧州、茂名等，因为差异较大降低了制造业集聚对经济增长的正效应。对于制造业与生产性服务业协调集聚，沿海城市的制造业集聚水平最高，生产性服务业水平也属于较高水平，且两者的协调发展程度较为一致，因此，协同集聚效应对经济增长的促进作用较为明显。

（3）基于行政等级异质性视角的产业集聚对经济增长的影响。对于高行政等级城市，制造业集聚、生产性服务业集聚对经济增长具有显著的正效应，但是协同集聚对经济增长具有显著的负效应。

对于国内高行政等级城市，制造业集聚水平虽然比周边城市略低，但是高行政等级城市仍然集聚了技术含量高、节能环保优、附加值高的制造业类别，对经济增长具有一定的促进作用。高行政等级城市制造业部分已经向外围城市转移（与中心—外围理论一致）；另外，高行政等级城市由于人才的吸引力、技术研发平台的集聚优势，以及政治、资本的核心地位，造成生产性服务业的蓬勃发展，对经济促进作用较大。但是，也正因为生产性服务业的快速发展和制造业的转移，协同集聚质量较差，对经济增长造成抑制作用。

2. 区域层面结果分析

（1）基于人口规模异质性视角的产业集聚对经济增长的影响。从表7-5实证结果来看，中部、西部地区城市人口规模越大，制造业集聚对经济增长具有显著正效应，而东部地区则为不显著的负效应。东部、中部地区，城市人口规模越大，生产性服务业对经济增长具有显著负效应，西部地区具有显著正效应。东部、中部地区城市规模越大，协同集聚对经济增长具有显著的正效应，而西部地区则为显著负效应。

东部地区城市人口规模越大的城市，部分城市制造业集聚指数越低，但是生产性服务业集聚程度很高，且大部分都处于城市群的中心城市，如北京、上海、天津。这种城市由于土地成本、生产要素成本的上升，制造业集聚不具有规模经济，已经不能为经济增长带来促进作用，但是随着生产性服务业集聚程度的提升，协同集聚因为协同深度的增加而提高，同时由于空间溢出效应，对本地以及周边城市的经济增长都具有促进作用。

中部地区人口规模较大的城市相对于小规模城市来说，制造业生产性服务业集聚水平均较高，产业协同集聚带来知识和技术的溢出、资源配置效率更高，更能促进经济增长。

西部地区整体城市还处于大力发展制造业的阶段，人口规模较大城市更侧重制造业集聚的发展，但是由于人才缺乏，生产要素资源的缺失，生产性服务业的发展还有待提高，产业协同指数较弱，对经济增长还未能体现促进作用。

（2）基于地理区位异质性视角的产业集聚对经济增长的影响。从实证结果来看，东部、西部沿海城市制造业集聚对经济增长具有不显著的负效应，与全国层面得出的结论一致，但中部地区沿海城市制造业集聚对经济增长具有不显著的正效应。东部、中部沿海城市如大连、丹东、锦州、营口、盘锦、葫芦岛的制造业集聚程度均不高，还处于规模经济阶段，制造业集聚度的提升能够促进经济增长。

东部、中部、西部沿海城市生产性服务业集聚对经济增长具有负效应，与全国层面得出的结论一致，但只有东部地区具有显著负效应。中部、西部沿海城市较少，整体实证结果不显著。

东部、中部、西部沿海城市制造业与生产性服务业协同集聚对经济增长具有正效应，这与全国层面得出的结论一致，但是只有东部地区具有显著性。由此可见，东部沿海城市相比中部、西部的沿海城市，由于地理区位带来的优势，制造业初始集聚水平较高，随着制造业发展共同推动了生产性服务业的发展，从而发挥出协同集聚的优势，带动了经济增长。

（3）基于行政等级异质性视角的产业集聚对经济增长的影响。从分区域的实证结果来看，东部、中部、西部地区高行政等级城市的制造业集聚、生产性服务业集聚对经济增长具有正效应，但是协同集聚对经济增长具有负效应，这与全国层面得出的结论一致。但是西部地区高行政等级城市制造业集聚、生产性服务业集聚对经济增长的影响程度大于东部和中部地区，协同集聚对经济增长的系数小于东部和中部地区。

西部地区大部分城市生产性服务业集聚水平均不高，但是高行政等级城市相对处于较高的水平。由于高行政等级城市在发展制造业过程中对生产性服务业的关联需求，同时有来自高行政等级城市周边城市的需求，生产性服务业能够带来制造业生产效率的提升，从而具有较为显著的正效应。而西部地区高行政等级城市的协同集聚在协同发展上还处于亟待提升的阶段，比起东部和中部地区的高行政等级城市协同集聚的质量和深度更低，对经济增长还处于抑制发展阶段。

3. 空间溢出效应分析

根据实证结果，人口规模大的城市制造业集聚与生产性服务业集聚对周边地区都有正的空间溢出效应。城市规模越大的城市，对周边城市的扩散效应会越明显。从中国不同城市群的形成可以看出，中心城市对周边城市的带动效应具有一定的效果。但是，中心城市的协同集聚还未体现对周边地区的影响，这可能是由于人口规模较大的中心城市产业协同集聚的质量还有待提升，并未体现出溢出效应。

对于沿海城市，制造业集聚与生产性服务业集聚对周边地区都有负的空间溢出效应。中国沿海城市的产业集聚程度均高于内陆城市，从这点可以得出，沿海城市单一产业集聚对周边地区的人口、资本等生产要素仍处于虹吸效应，但是沿海城市产业协同集聚的发展却可以对周边城市产生正的空间溢出效应。因此，为促进区域协调发展，发挥沿海城市对内陆城市的带动作用，更应该关注制造业与生产性服务业协同集聚的发展，而不是单一产业集聚的发展。

对于高行政等级城市，制造业与生产性服务业集聚对周边城市都会产生正的空间溢出效应，这也是为什么大部分高行政等级城市周边城市产业发展基础较好的原因，而且制造业集聚比生产性服务业集聚的空间溢出效应更强，侧面体现了高行政等级城市制造业相比生产性服务业对外转移力度更大，更侧重生产性服务业的发展。但是制造业与生产性服务业协同集聚高行政等级城市对周边城市的空间溢出效应为负，对于高行政等级城市，自身为了制造业与生产性服务业的协同发展，可能会出现一方面通过结构优化对外扩散落后产能和技术的产业，另一方面更多集聚周边城市的优秀人才，促进技术的不断创新。

表7-3　空间异质性视角下集聚类型异质性对经济增长影响的
空间杜宾模型估计结果（全国层面）

变量	模型（1）	模型（2）	模型（3）
magg_lncitysize	0.020 *** (4.94)		
sagg_lncitysize	0.013 *** (2.84)		
coagg_lncitysize	− 0.010 *** （− 2.87）		
magg_yhcity		− 0.054 （− 1.16）	
sagg_yhcity		− 0.116 * （− 1.66）	
coagg_yhcity		0.095 ** (2.10)	
magg_shcity			0.302 *** (3.36)
sagg_shcity			0.165 ** (2.42)
coagg_shcity			− 0.155 ** （− 2.27）
lncapital	0.425 *** (65.87)	0.429 *** (55.69)	0.429 *** (53.08)
lnhum	0.001 (0.68)	0.001 (0.33)	0.001 (0.37)
gov	− 0.246 *** （− 5.53）	− 0.204 *** （− 4.56）	− 0.212 *** （− 5.27）
lnroad	0.064 *** (7.84)	0.059 *** (6.88)	0.056 *** (6.83)
open	− 0.004 （− 0.63）	− 0.003 （− 0.41）	− 0.002 （− 0.27）

续表

变量	模型（1）	模型（2）	模型（3）
fdi	−0.149 （−0.74）	−0.179 （−0.89）	−0.292* （−1.71）
_cons	2.689*** （22.57）	1.956*** （11.21）	1.591*** （17.82）
$W \times magg\_lncitysize$	0.013 （0.55）		
$W \times sagg\_lncitysize$	0.011 （0.39）		
$W \times coagg\_lncitysize$	−0.136*** （−6.57）		
$W \times magg\_yhcity$		−0.641** （−2.23）	
$W \times sagg\_yhcity$		−1.528*** （−3.28）	
$W \times coagg\_yhcity$		1.053*** （3.66）	
$W \times magg\_shcity$			1.790*** （2.80）
$W \times sagg\_shcity$			0.907** （2.08）
$W \times coagg\_shcity$			−1.157** （−2.53）
ρ	0.267*** （10.02）	0.191*** （3.16）	0.333*** （7.94）
R − sq with	0.9143	0.9146	0.9144

注：括号内为 Z 统计量，***、**、*分别表示通过1%、5%、10%水平下的显著性检验。

（二）空间异质性视角下集聚效应对经济增长影响的结果分析

1. 全国层面结果分析

（1）基于人口规模异质性视角的产业集聚效应对经济增长的影响。从

表7-4的实证结果来看，城市人口规模越大，MAR外部性、Jacobs外部性对经济增长具有显著正效应，Porter外部性对经济增长具有显著负效应。MAR外部性的影响程度和显著性上都更优于Jacobs外部性。这说明在人口规模较大的城市，制造业专业化程度带来的劳动力蓄水池效应、规模经济效应以及技术创新效应高于产业多样化带来的资源配置效应和技术协同效应。Porter外部性的显著负效应，则是因为人口规模较大的城市，制造业集聚水平和竞争强度较大，由于这种大量企业的激烈竞争，加上创新制度环境的不完善，造成技术创新被模仿、被复制，让创新企业失去效率和持续创新的动力，从而不利于技术溢出效应的发挥，抑制经济增长。这与杨仁发（2013）、于斌斌（2017）的研究结论比较一致。

（2）基于地理区位异质性视角的产业集聚效应对经济增长的影响。沿海城市，MAR外部性对经济增长具有5%水平下的显著正效应，Jacobs外部性对经济增长具有不显著的负效应，Porter外部性对经济增长具有10%水平下的显著负效应。在影响程度方面，Jacobs外部性对经济增长的影响系数最小。

沿海城市制造业集聚的专业化规模较大，同时集聚了行业内的大型企业、龙头企业，形成较好的规模经济。另外，技术创新水平较高的企业在沿海城市数量较多，MAR外部性带来的技术创新效应较高，从而促进经济增长。

对于沿海城市Jacobs外部性，国内沿海城市依托的优势是便捷的区位带来交通的便利、大宗物流成本的节约以及对劳动力的吸引，但是产业多样化的互补性知识和技术的沟通与发展还较欠缺，同时由于沿海城市在产业转移过程中将产业链上部分环节向内陆城市转移，间接造成了分工协作的异地化，从而影响了同一区域内的关联性合作，短期内抑制了经济的发展。

沿海城市的Porter外部性带来的效应还未发挥出来，这是因为沿海城市产业集聚的企业都具有一定的行业垄断地位，与自由竞争市场带来的知识和技术外溢效果具有一定差距，抑制了地区之间产业的技术创新效率，从而影响经济增长。

（3）基于行政等级异质性视角的产业集聚效应对经济增长的影响。高行政等级城市的 MAR 外部性、Jacobs 外部性对经济增长具有正效应，Porter 外部性对经济增长具有负效应，三种效应都不显著。虽然从行政等级视角来看，结果不显著，但是符号基本符合实际情况。

从高行政等级城市的 MAR 外部性、Jacobs 外部性对经济增长的影响程度可以看出，后者的影响系数要远远高于前者。这说明对于高行政等级城市而言，产业多样化的发展以及提升产业关联度、完善上下游配套、促进互补性的知识和技术的溢出会有积极成效，高行政等级城市的资源配置效率最高、协同创新效果最好，能够促进经济的快速增长，这与吴三忙和李善同（2011）的观点比较相似。

高行政等级城市的 Porter 外部性对经济增长表现出负效应，说明大部分高行政等级城市的竞争化市场环境还有待完善，需要高行政等级城市放松产业管制、增强服务意识，同时还需要构建有利于知识与技术扩散、传播的机制体制，提高高行政等级城市的技术创新效率，才能发挥 Porter 外部性对经济增长的促进效应。

2. 区域层面结果分析

（1）基于人口规模异质性视角的产业集聚效应对经济增长的影响。从表 7-6 的实证结果来看，中部、西部地区随着城市人口的扩大，MAR 外部性对经济增长具有显著正效应，而东部地区则为不显著的正效应。东部、中部地区城市人口规模越大，Jacobs 外部性对经济增长具有正效应，其中中部地区具有显著的正效应，而东部地区不显著，西部地区具有不显著的负效应。东部、中部地区城市规模越大，Porter 外部性对经济增长具有显著的负效应，这与全国层面结论一致，但是在影响系数方面表现出越发达的地区系数越大。

东部地区城市人口规模越大的城市，MAR 外部性、Jacobs 外部性对经济增长有正效应，但是均不显著，而且影响系数非常小。但是 Porter 外部性对经济增长的影响具有显著的负效应，且影响系数与中部和西部城市相比略大。东部地区城市人口规模越大的城市比中部、西部地区产业集聚程度越高，受到资源、环境等条件的约束越多，竞争强度越大，造成技术创新被模仿、被复制，让创新企业失去效率和持续创新的动力，从而不利于技术溢出效应的发挥，抑制程度更高。

中部地区三个外部性与城市人口规模的交互项对经济增长具有显著的效应，MAR 外部性、Jacobs 外部性对经济增长有正效应，Porter 外部性与全国层面一样都是负效应。中部由于产业集聚水平整体比东部地区低，还未到达拐点便开始产生负外部性的阶段，因此，随着城市规模的扩大，产业专业化带来的规模经济效应越好，技术和知识的溢出效应、协同创新效应都将发挥对经济增长的促进作用。

西部地区人口规模越大的城市，MAR 外部性、Porter 外部性对经济增长的影响与全国层面一致，但是 Jacobs 外部性与全国层面存在差异，对经济增长呈不显著的负效应。西部地区产业多样化发展处于初步协作阶段，彼此之间的分工协作、上下关联还未建立完善，互补性知识和技术的沟通交流还有待加强，因此，Jacobs 外部性的协同创新效应和分工协作效应并不能产生对经济增长的促进作用，反而是抑制作用。

（2）基于地理区位异质性视角的产业集聚效应对经济增长的影响。东部、中部、西部沿海城市 MAR 外部性对经济增长具有正效应，其中只有东部具有 10% 水平下的显著性。东部、西部沿海城市 Jacobs 外部性与经济增长存在不显著的负效应，与全国层面得出的结论一致。东部、中部沿海城市 Porter 外部性对经济增长的影响具有负效应，与全国层面一致，但是东部不显著，西部沿海地区的 Porter 外部性对经济增长的影响具有不显著的正效应，这与全国层面得出的结论存在差异。西部沿海城市只有北海、防城港以及钦州 3 市。比如北海，由于生态环境良好，对人才的集聚能力以及产业集聚都处于开始发展阶段，市场发展环境相对宽松，知识和技术的溢出效果能够有一定的作用，从而有可能促进经济增长。

（3）基于行政等级异质性视角下，产业集聚效应对经济增长的影响。从分区域的实证结果来看，中部高行政等级城市 MAR 外部性对经济增长具有不显著的正效应，与全国层面一致，而东部、西部高行政等级城市的MAR外部性对经济增长具有不显著的负效应。东部、中部高行政等级城市的Jacobs外部性对经济增长具有不显著的正效应，与全国层面一致，西部高行政等级城市则为不显著的负效应。东部、中部和西部高行政等级城市的Porter外部性对经济增长的影响具有负效应，其中仅有中部地区具有显著性，与全国层面结论一致。

东部地区高行政等级城市的制造业发展基础较好、产业专业化程度较高，但是由于受到土地、生态等多种环境的限制，带来了规模不经济，因此，MAR外部性对经济增长的作用表现为负，但是由于产业结构的转型升级、淘汰落后产能等措施，负效应并不明显。

西部地区高行政等级城市虽然产业专业化效应比低行政等级城市好，但是整体来说并没有达到规模报酬递增的阶段，仍然未达到专业化效应完全发挥的程度。

3. 空间溢出效应分析

通过实证结果可以看出，城市人口规模越大的城市，MAR外部性、Porter外部性对周边城市的空间溢出效应为负，而Jacobs外部性对周边城市的空间溢出效应为正，且均较为显著。对于人口规模大的城市，产业集聚的专业化和竞争化对周边地区带来的虹吸效应比扩散效应大，但是人口规模大的城市产业集聚多样化的外部性能够刺激周边地区产业集聚的配套发展，从而促进经济增长。

对于沿海城市，MAR外部性、Jacobs外部性和Porter外部性对周边地区的空间效应均为正，其中MAR外部性的空间溢出效应十分显著。这说明沿海城市产业集聚带来的外部性效应对周边地区经济增长具有积极的促进作用，沿海城市专业化或者地方化程度越高对周边城市经济增长的促进作用越大。

对于高行政等级城市，MAR外部性和Porter外部性对周边城市的空间溢出效应为正，而Jacobs外部性对周边城市的空间溢出效应为负。这说明高行政等级的城市专业化程度发展已经开始对外扩散，产生正的空间溢出效应，但是多样化的发展还处于协调和发展阶段，不能对周边地区产生正的空间溢出效应。

表 7 - 4　空间异质性视角下集聚效应异质性对经济增长影响的
空间杜宾模型估计结果（全国层面）

变量	模型（4）	模型（5）	模型（6）
mar_lncitysize	0.005 *** (6.52)		
jacobs_lncitysize	0.003 * (1.41)		
Porter_lncitysize	- 0.006 *** (- 6.39)		
mar_yhcity		0.030 ** (2.49)	
jacobs_yhcity		- 0.006 (- 0.30)	
Porter_yhcity		- 0.020 * (- 1.82)	
mar_shcity			0.009 (0.50)
jacobs_shcity			0.167 *** (2.66)
Porter_shcity			- 0.067 ** (- 2.34)
lncapital	0.431 *** (58.22)	0.430 *** (50.16)	0.428 *** (52.34)
lnhum	0.002 (0.73)	0.001 (0.63)	0.002 (0.37)
gov	- 0.220 *** (- 5.30)	- 0.204 *** (- 4.59)	- 0.221 *** (- 5.27)

续表

变量	模型（4）	模型（5）	模型（6）
lnroad	0.061 ***	0.056 ***	0.056 ***
	（7.32）	（6.35）	（6.83）
open	−0.006	−0.001	−0.003
	（−0.90）	（−0.14）	（−0.53）
fdi	−0.088	−0.184	−0.324 *
	（−0.52）	（−0.91）	（−1.89）
_cons	2.064 ***	1.884 ***	1.501 ***
	（21.54）	（9.55）	（16.88）
W × mar_lncitysize	−0.025 ***		
	（−4.79）		
W × jacobs_lncitysize	0.026 **		
	（2.23）		
W × Porter_lncitysize	−0.028 ***		
	（−5.18）		
W × mar_yhcity		0.203 ***	
		（2.81）	
W × jacobs_yhcity		0.116	
		（0.98）	
W × Porter_yhcity		0.052	
		（0.76）	
W × mar_shcity			0.428 ***
			（3.60）
W × jacobs_shcity			−0.141
			（−0.33）
W × Porter_shcity			0.052
			（0.28）
ρ	0.240 ***	0.211 ***	0.348 ***
	（5.98）	（2.862）	（8.11）
R − sq with	0.9182	0.9152	0.9151

注：括号内为 Z 统计量，＊＊＊、＊＊、＊分别表示通过1%、5%、10%水平下的显著性检验。

表7-5 空间异质性视角下集聚类型异质性对经济增长影响的空间杜宾模型估计结果（区域层面）

变量	模型（1）			模型（2）			模型（3）		
	东部	中部	西部	东部	中部	西部	东部	中部	西部
magg_lncitysize	-0.009 (-1.55)	0.049*** (7.21)	0.033*** (2.65)						
sagg_lncitysize	-0.018** (-2.33)	-0.025*** (-4.84)	0.042*** (4.12)						
coagg_lncitysize	0.011* (1.87)	0.019*** (3.16)	-0.019** (-2.30)						
magg_yhcity				-0.077 (-1.61)	0.084 (0.38)	-0.355 (-0.60)			
sagg_yhcity				-0.148* (-1.89)	-0.260 (-1.26)	-0.015 (-0.05)			
coagg_yhcity				0.106** (2.22)	0.079 (-1.26)	0.161 (0.49)			
magg_shcity							0.314*** (3.37)	0.472** (2.08)	0.735 (1.47)
sagg_shcity							0.132 (1.48)	0.164 (1.19)	0.474* (1.87)
coagg_shcity							-0.166** (-2.06)	-0.206 (-1.36)	-0.511* (-1.71)

续表

变量	模型（1）			模型（2）			模型（3）		
	东部	中部	西部	东部	中部	西部	东部	中部	西部
lncapital	0.441*** (42.00)	0.451*** (49.63)	0.475*** (41.96)	0.447*** (35.82)	0.477*** (48.87)	0.485*** (37.73)	0.443*** (34.67)	0.470*** (42.61)	0.476*** (35.58)
lnhum	-0.012** (-2.40)	0.004 (0.98)	-0.002 (-0.76)	-0.012** (-2.40)	0.005 (1.19)	-0.004 (-1.28)	-0.012** (-2.44)	0.005 (1.21)	-0.004 (-1.49)
gov	0.014 (0.18)	-1.102*** (-9.69)	-0.236*** (-3.98)	0.008 (0.10)	-1.039*** (-9.02)	-0.188*** (-3.15)	-0.001 (-0.02)	-1.046*** (-8.89)	-0.170*** (-2.84)
lnroad	0.051*** (3.04)	0.075*** (5.21)	0.059*** (4.67)	0.062*** (3.52)	0.069*** (4.99)	0.058*** (4.49)	0.058*** (3.42)	0.069*** (4.84)	0.060*** (4.64)
open	-0.001 (-0.15)	-0.085* (-1.72)	-0.019 (-0.84)	-0.0005 (-0.07)	-0.078 (-1.58)	-0.015 (-0.65)	0.0005 (0.08)	-0.090* (-1.77)	-0.020 (-0.91)
fdi	0.104 (0.43)	0.252 (0.95)	1.386** (2.19)	-0.434* (-1.76)	-0.535* (-1.85)	1.317** (2.03)	-0.243 (-1.01)	0.051 (0.19)	1.640** (2.52)
_cons	2.194*** (12.17)	2.37*** (17.03)	1.551*** (8.04)	1.701*** (9.62)	1.739*** (14.98)	1.090*** (7.97)	1.640*** (9.29)	1.668*** (12.96)	1.350*** (8.73)
W×magg_lncitysize	-0.032* (-1.66)	-0.013 (-0.55)	-0.010** (-1.98)						
W×sagg_lncitysize	-0.094*** (-3.35)	-0.021 (-0.90)	0.072* (1.75)						

续表

变量	模型（1）			模型（2）			模型（3）		
	东部	中部	西部	东部	中部	西部	东部	中部	西部
$W \times coagg\_lncitysize$	-0.013 （-0.62）	-0.062*** （-3.36）	-0.043 （-1.24）						
$W \times magg\_yhcity$				-0.325** （-2.01）	0.166 （0.20）	3.637 （1.34）			
$W \times sagg\_yhcity$				-0.663** （-2.21）	-4.204*** （-5.16）	2.035* （1.71）			
$W \times coagg\_yhcity$				0.431** （2.45）	1.916*** （3.17）	-2.121 （-1.50）			
$W \times magg\_shcity$							0.661* （1.83）	0.875 （1.00）	1.241 （0.57）
$W \times sagg\_shcity$							-0.209 （-0.65）	0.420 （0.79）	1.611 （1.49）
$W \times coagg\_shcity$							-0.610** （-2.01）	-0.209** （0.34）	-1.362 （-1.05）
ρ	0.182*** （7.07）	0.131*** （5.71）	0.126*** （4.07）	0.148*** （3.53）	0.054* （1.94）	0.142*** （3.66）	0.213*** （5.12）	0.083** （2.36）	0.134*** （3.54）
R-sq with	0.9076	0.9248	0.9249	0.9038	0.9261	0.9216	0.9066	0.9237	0.9215

注：括号内为Z统计量，***、**、*分别表示通过1%、5%、10%水平下的显著性检验。

表7-6　空间异质性视角下集聚效应异质性对经济增长影响的空间杜宾模型估计结果（区域层面）

变量	模型（4）			模型（5）			模型（6）		
	东部	中部	西部	东部	中部	西部	东部	中部	西部
mar_lncitysize	0.003 (1.52)	0.010*** (2.60)	0.005*** (4.32)						
jacobs_lncitysize	0.0007 (0.27)	0.010*** (2.63)	-0.003 (-0.43)						
Porter_lncitysize	-0.007*** (-3.92)	-0.006*** (-4.01)	-0.005** (-2.02)						
mar_yhcity				0.023* (1.78)	0.012 (0.47)	0.011 (0.21)			
jacobs_yhcity				-0.008 (-0.46)	0.236 (1.59)	-0.278 (-0.85)			
Porter_yhcity				-0.017 (-1.56)	-0.086* (-1.70)	0.034 (0.37)			
mar_shcity							0.002 (0.11)	0.034 (1.13)	-0.007 (-0.10)
jacobs_shcity							0.157** (2.21)	0.240 (1.57)	-0.018 (-0.06)
Porter_shcity							-0.041 (-1.00)	-0.110** (-2.04)	-0.032 (-0.32)

续表

变量	模型（4）			模型（5）			模型（6）		
	东部	中部	西部	东部	中部	西部	东部	中部	西部
lncapital	0.441*** (39.32)	0.450*** (50.14)	0.471*** (37.87)	0.449*** (31.97)	0.471*** (46.97)	0.483*** (37.36)	0.450*** 33.35	0.466*** (45.16)	0.476*** (37.99)
hum	−0.012** (−2.36)	0.006 (1.50)	−0.002 (−0.80)	−0.007 (−1.36)	0.006 (1.40)	−0.004 (−1.23)	−0.008 (−1.61)	0.006 (1.38)	−0.004 (−1.26)
gov	0.035*** (0.46)	−0.898*** (−8.02)	−0.196*** (−3.31)	0.002 (0.03)	−1.012*** (−8.98)	−0.185*** (−3.10)	0.001 (0.01)	−1.020*** (−8.70)	−0.170*** (−2.84)
lnroad	0.049*** (2.88)	0.058*** (4.31)	0.067*** (5.15)	0.050*** (2.93)	0.064*** (4.74)	0.059*** (4.56)	0.057*** (3.33)	0.070*** (5.00)	0.062*** (4.80)
open	−0.001 (0.21)	−0.090* (−1.88)	−0.024 (−1.11)	0.001 (0.18)	−0.072 (−1.50)	−0.018 (−0.80)	−0.0001 (−0.02)	−0.096* (−1.93)	−0.020 (−0.88)
fdi	−0.296 (−1.20)	0.582** (2.22)	1.878** (2.95)	−0.629** (−2.51)	−0.747*** (−2.67)	1.280** (1.98)	−0.489* (−1.94)	0.153 (0.56)	1.420** (2.20)
_cons	2.042*** (10.94)	2.237*** (17.00)	1.398*** (8.32)	1.536*** (8.19)	1.728*** (15.24)	.087*** (7.89)	1.480*** (7.89)	1.771*** (1435)	1.280*** (8.34)
W×mar_lncitysize	−0.016** (−2.48)	−0.037*** (−5.85)	−0.003 (−0.64)						
W×jacobs_lncitysize	0.020** (2.39)	0.016 (1.27)	−0.034 (−1.08)						

续表

变量	模型 (4)			模型 (5)			模型 (6)		
	东部	中部	西部	东部	中部	西部	东部	中部	西部
$W \times Porter\_lncitysize$	-0.010* (-1.91)	-0.027*** (-5.33)	0.008 (0.84)						
$W \times mar\_yhcity$				0.167*** (3.93)	-0.394*** (-3.69)	-0.162 (-0.54)			
$W \times jacobs\_yhcity$				-0.083 (-1.42)	4.804*** (8.60)	-0.055 (-0.33)			
$W \times Porter\_yhcity$				0.137*** (3.42)	-1.661*** (-9.06)	0.144 (0.33)			
$W \times mar\_shcity$							0.353*** (4.12)	0.006 (0.05)	-0.227 (-0.73)
$W \times jacobs\_shcity$							-0.185 (-0.65)	1.071* (1.77)	-1.292 (-1.05)
$W \times Porter\_shcity$							0.205 (1.31)	-0.401* (-1.89)	0.353 (0.85)
ρ	0.157*** (4.59)	0.095*** (4.15)	0.135*** (3.46)	0.0160*** (3.10)	0.083*** (2.87)	0.149*** (3.81)	0.173*** (3.62)	0.083*** (2.68)	0.136*** (3.48)
R-sq with	0.9074	0.9296	0.9242	0.9069	0.9292	0.9218	0.9060	0.9239	0.9213

注:括号内为 Z 统计量,***、**、*分别表示通过 1%、5%、10% 水平下的显著性检验。

179

四、本章小结

本章研究产业集聚空间异质性视角下产业集聚对经济增长的影响。根据分析可以得出以下结论：

人口规模越大，制造业集聚对经济增长具有显著正效应，生产性服务业对经济增长具有显著正效应，而制造业与生产性服务业协同集聚对经济增长则有显著负效应。中部、西部地区城市人口规模越大，制造业集聚对经济增长具有显著正效应，而东部地区则为不显著的负效应。东部、中部地区城市人口规模越大，生产性服务业对经济增长具有显著负效应，西部地区具有显著正效应。东部、中部地区城市规模越大，协同集聚对经济增长具有显著的正效应，而西部地区则为显著的负效应。

沿海城市制造业集聚对经济增长具有不显著的负效应，生产性服务业集聚对经济增长具有10%水平下的显著负效应，制造业与生产性服务业协同集聚对经济增长具有5%水平的显著正效应。东部、西部沿海城市制造业集聚对经济增长具有不显著负效应，与全国层面得出的结论一致，但中部地区沿海城市制造业集聚对经济增长具有不显著的正效应。

对于高行政等级城市来讲，制造业集聚、生产性服务业集聚对经济增长具有显著正效应，但是协同集聚对经济增长具有显著负效应。东部、中部、西部高行政等级城市的制造业集聚、生产性服务业集聚对经济增长具有不显著正效应，但是协同集聚对经济增长具有负效应，这与全国层面得出的结论一致。

城市人口规模越大，MAR外部性、Jacobs外部性对经济增长具有显著正效应，Porter外部性对经济增长具有显著负效应。MAR外部性的影响程度和显著性上都更优于Jacobs外部性。分区域来看，中部、西部地区随着城市人口的扩大，MAR 外部性对经济增长具有显著正效应，而东部地区则为不显著正效应。东部、中部地区城市人口规模越大，Jacobs 外部性对经济增长具有正效应，其中中部地区具有显著正效应，而东部地区具有不显著正效应，西部地区具有不显著负效应。东部、中部地区城市规模越大，Porter 外部性对经济增长具有显著负效应，这与全国层面结论一致，但是在影响系数方面表现出越发达的地区影响系数越大。

沿海城市 MAR 外部性对经济增长具有 5% 水平下的显著正效应，Jacobs 外部性对经济增长具有不显著负效应，Porter 外部性对经济增长具有 10% 水平下的显著负效应。在影响程度方面，Jacobs 外部性对经济增长的影响系数最小。分区域来看，东部、中部、西部沿海城市 MAR 外部性对经济增长具有正效应，其中只有东部具有 10% 水平下的显著性。东部、西部沿海城市 Jacobs 外部性与经济增长存在不显著负效应，与全国层面得出的结论一致。东部、中部沿海城市 Porter 外部性对经济增长的影响具有负效应，与全国层面一致，但是东部地区不显著，西部沿海地区的 Porter 外部性对经济增长的影响具有不显著正效应，与全国层面得出的结论存在差异。

高行政等级城市的 MAR 外部性、Jacobs 外部性对经济增长具有正效应，Porter 外部性对经济增长具有负效应。分区域来看，东部、中部高行政等级城市三个外部性对经济增长的影响与全国层面一致，但是西部地区高行政等级城市 MAR 外部性、Jacobs 外部性对经济增长具有负外部性。

第八章

研究结论与政策启示

一、研究结论

（一）产业集聚类型异质性对经济增长影响的结论

根据本书第五章的研究，基于产业集聚类型异质性视角下产业集聚对经济增长的研究，可以得出以下主要结论：

制造业集聚与经济增长两者是非线性的关系，呈现倒 U 形关系，在制造业集聚快速增长阶段，产业集聚对经济增长产生促进作用，当制造业高度集聚达到一定程度时，制造业集聚的提高会对经济增长产生抑制作用。东部地区城市制造业集聚对经济增长的促进作用程度最小，西部地区城市次之，中部地区城市的促进程度最大，且远高于西部地区城市。因此，在制定政策的过程中可以相应引导制造业高度集聚的城市向周边城市转移，如部分东部地区城市，而对于西部地区城市应该积极培育和发展制造业集聚，中部地区城市制造业集聚正处于蓬勃发展阶段，需要提升制造业集聚的质量和效率，防止制造业集聚因为低端集聚而产生拥塞效应。

生产性服务业对经济增长具有一定的促进作用，但是现阶段影响效果不显著，促进程度微弱。对于生产性服务业，全国整体集聚水平较弱，对经济增长的贡献度不大。发达地区的生产性服务业要进一步提升服务质量以及与周边地区制造业集聚发展的配套水平，中部和西部地区则需在发展制造业集聚的同时，适时引导和发展生产性服务业的集聚。

制造业与生产性服务业协同集聚对经济增长的影响具有显著正效应。分地区来看，中部地区城市产业协同集聚对经济增长促进作用最显著。制造业与协同集聚对经济增长的促进作用不管是从全国范围来看，还是分地区样本均表现出促进作用。因此，各城市应该在发展制造业与生产性服务业的协同深度的同时，还要重视两者之间的协同质量，形成制造业带动生产性服务业集聚，生产性服务业促进制造业集聚的协同发展路径，从而促进当地的经济高质量高水平地增长。

制造业集聚、生产性服务性集聚以及产业协同集聚对经济增长的空间溢出效应均为负，本地区的产业集聚总体对周边地区的经济增长不利。出现这类结果，也许与我国经济所处的阶段相关，即制造业集聚正处于从集聚效应向扩散效应转化的阶段，对周边地区的扩散效应还未显现，而生产性服务业集聚与产业协同集聚还处于集聚阶段，扩散效应未普遍出现。

（二）产业集聚效应异质性对经济增长影响的结论

基于第六章的研究内容，进一步研究产业集聚通过不同的外部性对经济增长发挥作用，可以得出以下主要结论：

MAR 外部性与经济增长呈现倒 U 形关系，即随着产业专业化程度的提高，MAR 外部性对经济增长的效应从正效应向负效应转变，产业集聚专业化外部性对经济增长的影响体现了产业集聚发展到一定阶段会产生拥塞效应。产业集聚专业化外部性对各城市在产业集聚初期具有重要指导意义，城市在产业集聚发展初期应该引导产业集中发展，确定较为明确的发展方向，在区域范围内实现错位发展或者产业链协作发展，快速壮大产业规模，发挥规模经济效应。但是当城市产业集聚发展到一定阶段，要引导和培育上下游产业链的延伸以及服务配套产业发展，缓解专业化带来的拥塞效应对经济增长的抑制作用。

Jacobs 外部性对经济增长的影响具有负显著性，并呈现 U 形，即说明 Jacobs 外部性对经济增长的影响先呈现负效应，当超过拐点时则会对经济增长产生正效应。从长期发展来看，产业集聚带来的 Jacobs 外部性体现产业多样化发展，由于发展初期会存在不同产业的协调匹配问题，并不能发挥协同集聚的作用，反而因为多产业集聚带来生产要素的竞争，以及不协调初期的抑制作用，但是当产业多样化发展到上下游紧密关联，并且产业分工协作更为密切时，Jacobs 外部性对经济增长将会具有促进作用。

Porter 外部性对经济增长的影响具有负显著性，并呈现 U 形，即说明 Porter 外部性对经济增长的影响先呈现负效应，当超过拐点时则会对经济增长产生正效应。Porter 外部性不管是专业化产业集聚还是多样化产业集聚，都会在发展过程中体现，在产业集聚初期，由于集聚内企业通过模仿获得竞争外部性，必会造成城市技术创新、产品研发等积极性，对经济增长产生不利影响，但是当产业集聚发展到一定程度时，在市场力量的推动下，竞争不仅能提高产业集聚的水平和质量，还能形成良性循环，促进产业集聚的"循环累积"效用发挥，促进经济增长。

外部性的空间溢出效应为负，当经济发展水平处于较低阶段时，集聚所产生的外部性有利于本地区经济的增长，并对周边地区的要素资源产生虹吸效应。但是就外部性的二次项而言，当外部性超过一定阶段后，其对周边地区的经济增长将产生正向空间溢出效应。分地区来看，东部地区城市 MAR 外部性对周边城市产生负向的空间溢出作用，但是 Jacobs 外部性、Porter 外部性对周边城市则为正向的空间溢出效应。中部地区城市 MAR 外部性、Jacobs 外部性和 Porter 外部性对周边城市均为负向的空间溢出效应。中部地区城市 MAR 外部性对周边城市具有正向的空间溢出效应，Jacobs 外部性和 Porter 外部性对周边城市则为负的空间溢出效应。

（三）产业集聚空间异质性对经济增长影响的结论

根据第七章的实证分析，基于空间异质性视角下产业集聚对经济增长的研究，可以得出以下主要结论：

城市人口规模越大，制造业集聚、生产性服务业集聚对经济增长的促进作用越明显，但是制造业与生产性服务业协同集聚对经济增长则随着城市人口规模的增大而具有负效应。分地区来看，东部地区人口规模越大的城市，制造业集聚、生产性服务业集聚对经济增长有抑制作用，协同集聚对经济增长作用则为正效应。中部地区制造业集聚、产业协同集聚对经济增长产生促进作用，但是生产性服务业集聚则产生负效应。西部地区制造业集聚、生产性服务业集聚对经济增长产生促进作用，协同集聚对经济增长产生负效应。城市人口规模大的城市，制造业集聚、生产性服务业集聚对周边城市的空间溢出效应为正，产业协同集聚对周边城市的空间溢出效应为负。

沿海城市制造业集聚、生产性服务业对经济增长具有负效应；制造业与生产性服务业协同集聚对经济增长具有显著的正效应。沿海城市制造业集聚、生产性服务业集聚对周边城市的空间溢出效应为负，产业协同集聚对周边城市的空间溢出效应为正。因此，沿海城市要重视产业协同发展，调整制造业、生产性服务业内部产业结构，促进两者的协同质量和深度的提升。

高行政等级城市的制造业集聚、生产性服务业集聚对经济增长具有正效应，但是协同集聚对经济增长具有负效应。高行政等级的城市绝大部分已经完成制造业集聚发展并向外扩散的过程，主要以生产性服务业专业化集聚为主，制造业向周边低行政等级城市转移，造成产业协同集聚质量较差，对经济增长不具有促进作用。高行政等级城市制造业集聚、生产性服务业集聚对周边城市的空间溢出效应为正，产业协同集聚对周边城市的空间溢出效应为负。因此，高行政等级城市应该基于政治、文化、金融中心城市的定位，大力发展生产性服务业、总部经济等产业集聚，并发挥对周边城市的服务配套功能。对现有制造业集聚发展应该充分利用人才、资本等各类生产要素，侧重发展先进制造、智能制造、绿色制造，提升制造业的附加值，与周边城市形成产业链互补发展。

城市人口规模越大，MAR 外部性、Jacobs 外部性对经济增长具有显著正效应，Porter 外部性对经济增长具有显著负效应。MAR 外部性的影响程度和显著性上都更优于 Jacobs 外部性。分区域来看，东部、中部地区人口规模大的城市 MAR 外部性、Jacobs 外部性对经济增长具有正效应，Porter外部性对经济增长具有显著的负效应。西部地区人口规模大的城市 MAR 外部性对经济增长具有正效应，Jacobs 外部性、Porter 外部性对经济增长具有显著的负效应。MAR 外部性、Porter 外部性对周边城市具有负向的空间溢出效应，Jacobs 外部性对周边城市具有正向的空间溢出效应。

沿海城市，MAR 外部性对经济增长具有正效应，Porter 外部性、Jacobs 外部性对经济增长具有负效应。在影响程度方面，Jacobs 外部性对经济增长的影响系数最小。沿海城市 MAR 外部性、Jacobs 外部性、Porter外部性对周边城市的经济增长具有正向的空间溢出效应。因此，沿海城市产业集聚专业化的发展对本地周边城市的带动作用非常显著，应加快沿海城市与周边城市的协调发展。

高行政等级城市的 MAR 外部性、Jacobs 外部性对经济增长具有正效应，Porter 外部性对经济增长具有负效应。分区域来看，东部、中部地区高行政等级城市与全国层面一致，而西部地区高行政等级城市 MAR 外部性、Jacobs 外部性、Porter 外部性对经济增长均为负效应。MAR 外部性、Porter 外部性对周边城市具有正向的空间溢出效应，Jacobs 外部性对周边城市则为负向的空间溢出效应。因此，对于高行政等级城市，产业集聚多样化发展对本地经济增长具有负效应，但是对周边城市具有正向的空间溢出效应，Porter 外部性对本地经济增长具有负效应，但是对周边城市的经济增长具有正向的空间溢出效应。

综上，空间异质性视角下产业集聚对经济增长的影响如表 8 - 1 所示。

表 8-1 空间异质性视角下产业集聚对经济增长的影响

城市异质性	产业集聚类型异质性对经济增长的影响	产业集聚效应异质性对经济增长的影响	空间溢出效应
人口规模大的城市	制造业集聚、生产性服务业集聚对经济增长具有促进作用；产业协同集聚对经济增长具有负效应	MAR 外部性、Jacobs 外部性对经济增长具有显著正效应，Porter 外部性对经济增长具有显著负效应	制造业集聚、生产性服务业集聚对周边城市的空间溢出效应为正，产业协同集聚对周边城市的空间溢出效应为负。MAR 外部性、Porter 外部性对周边城市具有负向的空间溢出效应，Jacobs 外部性对周边城市具有正向的空间溢出效应
沿海城市	制造业集聚、生产性服务业对经济增长具有负效应；产业协同集聚对经济增长具有显著正效应	MAR 外部性对经济增长具有正效应，Porter 外部性、Jacobs 外部性对经济增长具有负效应	制造业集聚、生产性服务业集聚对周边城市的空间溢出效应为负，产业协同集聚对周边城市的空间溢出效应为正。沿海城市 MAR 外部性、Jacobs 外部性、Porter 外部性对周边城市的经济增长具有正向的空间溢出效应
高行政等级城市	制造业集聚、生产性服务业集聚对经济增长具有正效应，产业协同集聚对经济增长具有负效应	MAR 外部性、Jacobs 外部性对经济增长具有正效应，Porter 外部性对经济增长具有负效应	制造业集聚、生产性服务业集聚对周边城市的空间溢出效应为正，产业协同集聚对周边城市的空间溢出效应为负。MAR 外部性、Porter 外部性对周边城市具有正向的空间溢出效应，Jacobs 外部性对周边城市则为负向的空间溢出效应

二、政策启示

（一）制造业集聚发展应转变发展方式，实现集聚内部结构优化

在制造业集聚发展过程中，应该根据城市发展条件，转变发展方式，促进产业集聚优化升级。一是加强知识产权保护和技术创新激励，消除模

仿性的技术复制和同质化竞争。对于东部地区而言，充分利用知识产权保护的正向激励和生态环境的约束倒逼机制来提高制造业的技术创新能力和产品附加值。同时也要推动制造业有序和有效地向外围城市转移，尤其是加强技术含量低、环境污染重和劳动密集型产业的优先转移，从而为技术含量高的产业和关联性较强的生产性服务业腾出发展空间。但是必须看到，东部地区在产业转移过程中同时要重视产业接替的效果，不能造成产业空心化，否则虽然低端制造业大量对外转移，但是先进制造业和生产性服务业的发展缓慢，对于整个城市经济增长会带来冲击。而对于中部、西部地区城市来说，应改善城市的基础设施建设，实现交通道路的网络化，吸引各类生产资源的集聚。二是在承接制造业转移的过程中根据自身实际情况，中小型城市侧重产业专业化集聚，将有限的资源集中在主导产业集聚中，加快规模经济效应的发挥。较大型城市则可以根据经济发展基础和产业发展基础，有选择性地招商引资，强调与中心城市的产业空间分工协作，实现共享效应和分工协作效应。

（二）生产性服务业集聚应依托供需关系，实现高效率高质量发展

近年来，各城市都开始重视生产性服务业的发展，但是发展效果却参差不齐。生产性服务业不管是从需求角度还是供给角度，都离不开制造业的发展依托。从供给角度来看，各城市的生产性服务业集聚发展要考虑当地的经济发展水平和产业基础，因地制宜，引领生产性服务业在空间上的有序聚集，并且通过引导加强生产性服务业与制造业在产品研发、技术创新、商务服务、金融支持等领域的沟通和交流，使生产性服务业与制造业实现良性耦合发展。从需求角度来看，可以通过延长制造业产业链、优化产业价值链等方式来提升制造业对生产性服务业需求的拉动力，从专业化分工的角度鼓励制造业企业让渡非核心价值环节的服务给专业第三方生产性服务企业，提高生产性服务业对制造业的推动作用，发挥两者集聚效应对经济增长的促进作用。

（三）产业协同集聚发展应完善体制机制，保障资源要素自由流通

对于制造业与生产性服务业协同发展，地方政府应侧重从产业关联的角度来进行招商引资和完善产业网络链条。一是可以制定相应合理的产业集聚发展政策，引导部分沿海城市和东部地区城市制造业向内陆城市或中部、西部地区城市转移，在资金投入、人才引进、技术研发、服务平台等方面增强对内陆和中部、西部地区城市的倾斜。推进内陆城市和西部地区城市制造业规模壮大，持续发挥制造业集聚带来的规模效应，同时加大促进生产性服务业配套发展力度，从产业协同的质量和水平两个方面共同推进产业协同集聚发展，从而提高城市的经济发展水平。二是保证各类资源要素的自由流动，消除各类生产要素流动的体制性障碍，这是产业集聚优化发展的保障。党的十九大报告提出，"经济体制改革必须以完善产权制度和要素市场化配置为重点，实现产权有效激励、要素自由流动、价格反应灵活、竞争公平有序、企业优胜劣汰"。地方保护主义降低了各城市产业集聚对劳动力、中间投入和资源要素等快速便捷的可得性，对产业集聚形成和扩散、发展和融合都产生抑制。因此，要打破地方保护主义，让市场在资源配置过程中起决定性作用，进一步推进行政体制改革，精简政府机构，转变政府角色。通过加强城市战略合作和交流，促进各类技术型劳动力、资源要素等在不同地区比较优势的作用下合理流动，同时也在政策的鼓励下加快生产要素流动质量，为新的次级集聚中心城市形成准备充足和灵活的基础条件，从而促进城市经济快速增长。

（四）人口规模较大城市应结合自身优势，不可贸然推进协同集聚

本书的产业协同高集聚指数越高，并不代表城市的制造业与生产性服务业协同发展就越好，因为协同集聚指数不仅包含了协同的质量，还包含了协同的水平。一个城市单个产业集聚的水平非常高，即使协同质量不

好，但是协同集聚指数仍然较高，如北京（2016 年制造业集聚指数、生产性服务业集聚指数、协同集聚指数分别为 0.38、2.72、3.34）；反之亦然，有些城市制造业与生产性服务业协同发展质量较好，但是单个产业集聚指数不高，整体协同集聚指数也较高，如鞍山（2016 年制造业集聚指数、生产性服务业集聚指数、协同集聚指数分别为 1.13、0.97、3.02）。2016年，北京的人口规模为 1363 万，鞍山的人口规模为 346 万，人口规模越大的城市不应该贸然推进制造业与生产性服务业协同集聚发展，应该根据自身城市的特征以及现有的产业集聚基础，适当地选择适合自己的产业集聚发展战略。

（五）沿海城市应优化产业集聚结构，提升产业协同集聚质量

对于我国 51 个沿海城市而言，制造业集聚、生产性服务业相对于全国水平而言都处于较高水平，对经济增长起到促进作用的是制造业与生产性服务业协同集聚，单个制造业集聚、生产性服务业对经济增长均是负效应。因此，沿海城市需要从两个方面发展产业集聚。

一是积极优化产业集聚内部结构。通过淘汰落后产能，加强技术应用，走智能化、信息化融合发展道路，逐步提升产业在价值链中的地位，引导制造业集聚转型优化升级。通过鼓励研发创新，完善产学研协同创新机制进一步优化金融环境、提供优质的商务服务，提升生产性服务业集聚质量。

二是积极推动制造业与生产性服务业协同集聚发展。沿海城市产业协同集聚在国内整体水平发展较好，正处于日趋协调阶段，对经济增长具有较为明显的促进作用。因此，沿海城市需要在优化制造业集聚、生产性服务业集聚的基础上加强两者的分工协作，匹配发展程度不仅可以促进当地的经济增长，对沿海城市周边的城市也具有正向的空间溢出效应。

（六）高行政等级城市应发挥中心城市功能，区别推进产业集聚发展

我国的高行政等级城市包括以北京为代表的 4 个直辖市，武汉为代表

的 15 个副省级城市，以及余下的 13 个省会城市。这些高行政等级城市在产业集聚类型差异中有部分城市是以生产性服务业集聚为主（如北京、济南和南宁等），有部分城市是以制造业为主（如宁波、厦门和青岛等），还有部分城市是以制造业和生产性服务业协同集聚为主（如上海、深圳和成都等），总体来看，生产性服务业集聚为主的城市较多，两者协同集聚的城市较少。因此，高行政等级的城市应该进一步根据自身的功能定位，选择适合当地发展的产业集聚发展。

一是政治文化中心城市、生态环境建设中心城市等应侧重生产性服务业集聚的发展，遵循中心—外围原理，与周边城市形成区域协作。例如，北京作为全国的政治文化中心城市，侧重发展生产性服务业集聚，并应占据全国生产性服务业的核心地位；南宁、昆明根据所在省份的战略发展，集聚发挥省会城市的人才集聚优势，保护生态环境的理念，继续发展生产性服务业集聚，同时为周边城市制造业集聚发展提供人才、技术、知识等生产性服务业支撑。

二是具有良好制造业基础城市、先天区位优势城市则应发挥先进制造业集聚中心的优势，优化制造业内部结构，占领制造业高端价值链位置。例如，厦门、青岛作为制造业集聚基础优势明显、地理交通区位便利的城市，应积极调整制造业集聚内部结构，淘汰落后产能，加快技术创新，占领高端制造环节，紧跟制造业发展新趋势。

三是制造业与生产性服务业协同发展较好的城市，应注重产业协同质量的提升。全国制造业与生产性服务业协同集聚较高的城市分别为深圳、上海和成都，这三个城市作为协同集聚的代表城市，制造业集聚发展均较好、生产性服务业集聚发展较快，两者协调质量和深度都较好，这类城市需进一步优化技术创新环境、引导市场竞争环境、培育协同发展环境，从而促进制造业与生产性服务业的协同配套发展。

（七）积极推动区域空间协调发展，强化产业集聚作用

党的十九大报告中提出，要"实施区域协调发展战略，建立更加有效

的区域协调发展新机制"。空间区域范围内城市协调发展，可以促进产业集聚带来的规模经济效应的发挥。一是要充分发挥区域中心城市的辐射作用，将孤立封闭的区域和城市概念拓展至开放的城市群，通过空间结构的调整，推进区域城市集聚区整合。各地在制定区域合作战略时，应综合考虑各方面因素，统筹规划、合理布局、充分利用城市之间以及中心城市与外围城市之间的产业结构、市场需求、基础条件等各方面的差异，促进要素、技术、产品在城市之间自由流动，从而促进各城市利用自身及其空间优势培育适合发展的产业集聚类型，打造合作区域范围内制造业与生产性服务业的协同发展程度，实现优势互补、互动合作城市群合作发展空间格局。二是不同区域应采取不同的协调发展路径。东部地区城市群已经走出一条效率和质量并存的发展模式，长三角、珠三角、京津冀产业集聚的分工与协作，融合与互动，对城市群内部经济增长具有良好的促进作用。而中部、西部地区城市在城市群的实际产业协同发展效果、资源要素流动、技术创新水平提升方面都存在较大差距，因此，中部、西部地区城市应加强中心城市的"虹吸"与"溢出"效应，通过产业前后向的合作以及产业价值链的合理分工，促进产业空间合理集聚，从而促进城市经济增长。

三、进一步研究展望

　　虽然本书尝试从产业互动视角、空间互动视角分析产业集聚对经济增长的影响，将切入点放在分析产业集聚类型、效应和空间的异质性视角，同时，利用空间计量方法对这三种异质性视角进行实证，但是，就研究得出的有限结论而言，仍存在一些问题值得探讨，由此可对下一步研究进行两个方向的展望：

　　一是对产业集聚的研究从产业层面来讲，只分析了制造业、生产性服务业以及两者之间的协同集聚，未能做进一步的细化分析。现有文献中有用省级数据将制造业细分为 28 个（也有 31 个）子行业，将生产性服务业分为 5 个细分行业（也有 6 个和 7 个的区分），协同集聚有将两者的细分行业进行两两配对的组合。如果城市的细分行业数据能通过渠道找到，这将是下一步研究的方向和重点。

二是对异质性的考察只分析了产业集聚类型异质性、效应异质性和空间异质性。下一步可以在产业集聚异质性范围的分类和角度上进一步梳理和延伸。例如，空间异质性包括很多方面，本书仅从人口规模差异、地理区位差异、行政等级差异等方面着手，而没有考虑经济发展基础、营商环境、历史文化等差异。产业集聚类型异质性也只考虑产业大类，没有考虑细分行业的异质性。这将是下一步研究拓展的空间和切入点。

参考文献

［1］白重恩，杜颖娟，陶志刚，仝月婷. 地方保护主义及产业地区集中度的决定因素和变动趋势［J］. 经济研究，2004（4）：29－40.

［2］薄广文. 外部性与产业增长——来自中国省级面板数据的研究［J］. 中国工业经济，2007（1）：37－44.

［3］陈建军，陈菁菁. 生产性服务业与制造业的协同定位研究——以浙江省69个城市和地区为例［J］. 中国工业经济，2011（6）：141－150.

［4］陈国亮，陈建军. 产业关联、空间地理与二三产业共同集聚——来自中国212个城市的经验考察［J］. 管理世界，2012（4）：82－100.

［5］陈建军，陈国亮，黄洁. 新经济地理学视角下的生产性服务业集聚及其影响因素研究——来自中国222个城市的经验证据［J］. 管理世界，2009（4）：83－95.

［6］陈得文，苗建军. 空间集聚与区域经济增长内生性研究——基于1995~2008年中国省域面板数据分析［J］. 数量经济技术经济研究，2010，27（9）：82－93.

［7］陈晓峰，陈昭锋. 生产性服务业与制造业协同集聚的水平及效应——来自中国东部沿海地区的经验证据［J］. 财贸研究，2014，25（2）：49－57.

［8］陈晓峰. 生产性服务业与制造业的协同集聚效应分析——以长三角地区为例［J］. 城市问题，2016（12）：63－70.

［9］陈阳．城市异质性视角下制造业集聚对绿色全要素生产率影响研究［D］．沈阳：辽宁大学，2018.

［10］陈建军，刘月，邹苗苗．产业协同集聚下的城市生产效率增进——基于融合创新与发展动力转换背景［J］．浙江大学学报（人文社会科学版），2016（3）：150－163.

［11］陈强．高级计量经济学及Stata应用（第二版）［M］．北京：高等教育出版社，2018.

［12］陈宪，黄建锋．分工、互动与融合：服务业与制造业关系演进的实证研究［J］．中国软科学，2004（10）：65－72.

［13］豆建民，刘叶．生产性服务业与制造业协同集聚是否能促进经济增长——基于中国285个地级市的面板数据［J］．现代财经（天津财经大学学报），2016，36（4）：92－102.

［14］董艳梅，朱英明．高铁建设能否重塑中国的经济空间布局——基于就业、工资和经济增长的区域异质性视角［J］．中国工业经济，2016（10）：92－108.

［15］范剑勇．市场一体化、地区专业化与产业集聚趋势——兼谈对地区差距的影响［J］．中国社会科学，2004（6）：39－51，204－205.

［16］傅十和，洪俊杰．企业规模、城市规模与集聚经济——对中国制造业企业普查数据的实证分析［J］．经济研究，2008，43（11）：112－125.

［17］郭克莎．中国经济发展进入新常态的理论依据——中国特色社会主义政治经济学的分析视角［J］．经济研究，2016（9）：4－16.

［18］关爱萍，陈锐．产业集聚水平测度方法的研究综述［J］．工业技术经济，2014，33（12）：150－155.

［19］顾乃华，毕斗斗，任旺兵．生产性服务业与制造业互动发展：文献综述［J］．经济学家，2006（6）：35－41.

［20］高凯，周志翔，杨玉萍．长江流域土地利用结构及其空间自相关分析［J］．长江流域资源与环境，2010（19）：13－20.

［21］郭力．中国城市规模效率与最优规模的生态考量——基于地级

市面板数据的分析 [J]. 城市问题, 2018 (2): 11 - 17.

[22] 高丽娜. 产业空间集聚对中国制造业全要素生产率的影响研究 [D]. 武汉: 华中科技大学, 2012.

[23] 韩峰, 王琢卓, 阳立高. 生产性服务业集聚、空间技术溢出效应与经济增长 [J]. 产业经济研究, 2014, 69 (2): 1 - 10.

[24] 贺灿飞, 刘洋. 产业地理集聚与外商直接投资产业分布——以北京市制造业为例 [J]. 地理学报, 2006 (12): 1259 - 1270.

[25] 胡艳, 朱文霞. 基于生产性服务业的产业协同集聚效应研究 [J]. 产经评论, 2015, 6 (2): 5 - 14.

[26] 黄跃, 李琳. 中国城市群绿色发展水平综合测度与时空演化 [J]. 地理研究, 2017, 36 (7): 1309 - 1322.

[27] 韩峰, 柯善咨. 追踪我国制造业集聚的空间来源: 基于马歇尔外部性与新经济地理的综合视角 [J]. 管理世界, 2012 (10): 55 - 70.

[28] 江曼琦, 席强敏. 生产性服务业与制造业的产业关联与协同集聚 [J]. 南开大学学报 (哲学社会科学版), 2014 (1): 153 - 160.

[29] 吉亚辉, 甘丽娟. 中国城市生产性服务业与制造业协同集聚的测度及影响因素 [J]. 中国科技论坛, 2015 (12): 64 - 68.

[30] 江小娟, 李辉. 服务业与中国经济: 相关性和加快增长的潜力 [J]. 经济研究, 2004 (1): 4 - 15.

[31] 李红, 王彦晓. 金融集聚、空间溢出与城市经济增长——基于中国 286 个城市空间面板杜宾模型的经验研究 [J]. 国际金融研究, 2014 (2): 89 - 95.

[32] 雷鹏. 制造业产业集聚与区域经济增长的实证研究 [J]. 上海经济研究, 2011 (1): 35 - 45.

[33] 梁琦, 刘厚俊. 产业区位生命周期理论研究 [J]. 南京大学学报 (哲学·人文科学·社会科学版), 2003 (5): 139 - 146.

[34] 路江涌, 陶志刚. 中国制造业区域聚集及国际比较 [J]. 经济研究, 2006 (3): 103 - 114.

［35］罗勇，曹丽莉．中国制造业集聚程度变动趋势实证研究［J］．经济研究，2005（8）：106－115．

［36］刘修岩．集聚经济与劳动生产率：基于中国城市面板数据的实证研究［J］．数量经济技术经济研究．2009，26（7）：109－119．

［37］刘锐．产业集聚与区域经济增长的模型分析［J］．商业经济研究，2019（2）：165－167．

［38］李雯轩．经济增长及其外部性研究——基于动态面板的实证分析［J］．金融与经济，2017（5）：43－48．

［39］梁婧，张庆华，龚六堂．城市规模与劳动生产率：中国城市规模是否过小？——基于中国城市数据的研究［J］．经济学（季刊），2015，14（3）：1053－1072．

［40］林细细，张海峰，张铭洪．城市经济圈对区域经济增长的影响——基于中心—外围理论的研究［J］．世界经济文汇，2018（4）：66－83．

［41］李世杰，胡国卿，高健．转轨期中国的产业集聚演化：理论回顾、研究进展及探索性思考［J］．管理世界，2014（4）：165－170．

［42］庞琛．多重异质性、企业空间离散化与产业集聚研究［D］．杭州：浙江大学，2017．

［43］潘文卿，刘庆．中国制造业产业集聚与地区经济增长——基于中国工业企业数据的研究［J］．清华大学学报（哲学社会科学版），2012，27（1）：137－147．

［44］蒲英霞，葛莹，马荣华，黄杏元，马晓冬．基于 ESDA 的区域经济空间差异分析——以江苏省为例［J］．地理研究，2005，24（6）：965－974．

［45］彭向，蒋传海．产业集聚、知识溢出与地区创新——基于中国工业行业的实证检验［J］．经济学（季刊），2011，10（3）：913－934．

［46］任英华，沈凯娇，游万海．不同空间权重矩阵下文化产业集聚机制和溢出效应——基于 2004－2011 年省际面板数据的实证［J］．统计

与信息论坛，2015（2）：82-87.

[47] 沈飞，吴解生，陈寿雨. 生产性服务业对制造业集聚、竞争力提升的影响及两产业耦合关联的实证研究［J］. 技术经济，2013，32（11）：50-56.

[48] 孙浦阳，韩帅，许启钦. 产业集聚对劳动生产率的动态影响［J］. 世界经济，2013，36（3）：33-53.

[49] 沈正平，刘海军，蒋涛. 产业集群与区域经济发展探究［J］. 中国软科学，2004（2）：120-124.

[50] 邵宜航，李泽扬. 空间集聚、企业动态与经济增长：基于中国制造业的分析［J］. 中国工业经济，2017（2）：5-23.

[51] 舒辉，周熙登，林晓伟. 物流产业集聚与全要素生产率增长——基于省域数据的空间计量分析［J］. 中央财经大学学报，2014（3）：98-105.

[52] 田晖. 金融产业集群影响区域经济增长的实证研究——以广东21个地市为例［J］. 科技管理研究，2015，35（13）：158-162.

[53] 唐晓华，张欣钰，李阳. 中国制造业与生产性服务业动态协调发展实证研究［J］. 经济研究，2018（3）：79-93.

[54] 王子龙，谭清美，许箫迪. 产业集聚水平测度的实证研究［J］. 中国软科学，2006（3）：109-116.

[55] 文玫. 中国工业在区域上的重新定位和聚集［J］. 经济研究，2004（2）：84-94.

[56] 汪斌，董赟. 从古典到新兴古典经济学的专业化分工理论与当代产业集群的演进［J］. 学术月刊，2005（2）：29-36.

[57] 王燕，徐妍. 中国制造业空间集聚对全要素生产率的影响机理研究——基于双门限回归模型的实证分析［J］. 财经研究，2012，38（3）：135-144.

[58] 王志锋，王优容，王云亭，陈俊华. 城市行政等级与经济增长——基于开发区的视角［J］. 宏观经济研究，2017（11）：115-127.

［59］吴三忙，李善同．专业化、多样化与产业增长关系——基于中国省级制造业面板数据的实证研究［J］．数量经济技术经济研究，2011，28（8）：21－34．

［60］文东伟，冼国明．中国制造业产业集聚的程度及其演变趋势：1998～2009 年［J］．世界经济，2014（3）：3－31．

［61］伍先福．生产性服务业与制造业协同集聚对全要素生产率的影响［D］．南宁：广西大学，2017．

［62］吴玉鸣．中国省域经济增长趋同的空间计量经济分析［J］．数量经济技术经济研究，2006（12）：101－108．

［63］吴玉鸣，徐建华．中国区域经济增长集聚的空间统计分析［J］．地理科学，2004（6）：654－659．

［64］徐康宁，冯春虎．中国制造业地区性集中程度的实证研究［J］．东南法学学报（哲学社会科学版），2003（1）：37－42．

［65］谢雄军，何红渠．基于空间面板计量的产业集聚与省域经济增长关系研究［J］．财经理论与实践，2014，35（2）：116－121．

［66］谢品，李良智，赵立昌．江西省制造业产业集聚、地区专业化与经济增长实证研究［J］．经济地理，2013（6）：103－108．

［67］徐盈之，彭欢欢，刘修岩．威廉姆森假说：空间集聚与区域经济增长——基于中国省域数据门槛回归的实证研究［J］．经济理论与经济管理，2011（4）：95－102．

［68］杨仁发．产业集聚与地区工资差距——基于我国 269 个城市的实证研究［J］．管理世界，2013（8）：41－52．

［69］俞世峰．制造业细分行业集聚指数模型的构建［J］．统计与决策，2016（6）：33－36．

［70］杨洪焦，孙林岩，高杰．中国制造业聚集度的演进态势及其特征分析——基于 1988—2005 年的实证研究［J］．数量经济技术经济研究，2008（5）：55－66．

［71］杨孟禹，张可云．服务业集聚、空间溢出与经济增长质量——

基于中国省际空间面板杜宾模型的经验研究［J］．财经论丛，2016（3）：3-10.

［72］杨珏婕，刘世梁，赵清贺，董世魁，张志明．基于网络 K 函数的西双版纳人工林空间格局及动态［J］．生态学报，2011，31（22）：6734-6742.

［73］于斌斌．生产性服务业集聚能提高制造业生产率吗？——基于行业、地区和城市异质性视角的分析［J］．南开经济研究，2017（2）：112-132.

［74］袁海红，张华，曾洪勇．产业集聚的测度及其动态变化——基于北京企业微观数据的研究［J］．中国工业经济，2014（9）：38-50.

［75］余壮雄，米银霞．地区产业转型中的企业行为与资源错配［J］．中国工业经济，2018（6）：98-115.

［76］赵磊，方成，吴向明．旅游发展、空间溢出与经济增长——来自中国的经验证据［J］．旅游学刊，2014（5）：16-27.

［77］张虎，韩爱华，杨青龙．中国制造业与生产性服务业协同集聚的空间效应分析［J］．数量经济技术经济研究，2017（2）：3-20.

［78］张琳彦．产业集聚测度方法研究［J］．技术经济与管理研究，2015（6）：113-118.

［79］赵伟，郑雯雯．市场重心变化与制造业空间重构：小企业视点的分析与实证［J］．国际贸易问题，2011（11）：157-167.

［80］周圣强，朱卫平．产业集聚一定能带来经济效率吗：规模效应与拥挤效应［J］．产业经济研究，2013（3）：12-22.

［81］张艳，刘亮．经济集聚与经济增长——基于中国城市数据的实证分析［J］．世界经济文汇，2007（1）：48-56.

［82］章元，刘修岩．聚集经济与经济增长：来自中国的经验证据［J］．世界经济，2008（3）：60-70.

［83］张海峰，姚先国．经济集聚、外部性与企业劳动生产率——来自浙江省的证据［J］．管理世界，2010（12）：45-52.

［84］赵伟，张萃．中国制造业区域集聚与全要素生产率增长［J］．上海交通大学学报（哲学社会科学版），2008（5）：52 - 56.

［85］朱英明．区域制造业规模经济、技术变化与全要素生产率——产业集聚的影响分析［J］．数量经济技术经济研究，2009，26（10）：3 - 18.

［86］张公嵬，梁琦．出口、集聚与全要素生产率增长——基于制造业行业面板数据的实证研究［J］．国际贸易问题，2010（12）：12 - 19.

［87］周兵，蒲勇健．一个基于产业集聚的西部经济增长实证分析［J］．数量经济技术经济研究，2003（8）：143 - 147.

［88］张云飞．城市群内产业集聚与经济增长关系的实证研究——基于面板数据的分析［J］．经济地理，2014，34（1）：108 - 113.

［89］周明生，陈文翔．生产性服务业与制造业协同集聚的增长效应研究——以长株潭城市群为例［J］．现代经济探讨，2018（6）：69 - 78.

［90］张维今，李凯．城市产业差异、外部性与经济增长——基于285个地级以上城市面板数据的实证［J］．产经评论，2016，7（3）：141 - 152.

［91］周韬．空间与产业双重维度下的城市群经济增长机理及空间外部性测度——以长三角城市群为例［J］．城市发展研究，2018，25（6）：71 - 78.

［92］张学良．中国交通基础设施促进了区域经济增长吗？——兼论交通国际处设施的空间溢出效应［J］．中国社会科学，2012（3）：60 - 78.

［93］赵伟，隋月红．集聚类型、劳动力市场特征与工资——生产率差异［J］．经济研究，2015，50（6）：33 - 45.

［94］张国峰，李强，王永进．大城市生产率优势：集聚、选择还是群分效应［J］．世界经济，2017（8）：167 - 192.

［95］张军，吴桂英，张吉鹏．中国省级物质资本存量估算：1952 - 2000［J］．经济研究，2004（10）：35 - 44.

[96] Anselin L. Some Robust Approaches to Testing and Estimation in Spatial Econometrics [J]. Regional Science and Urban Economics, 1990 (20): 141 – 163.

[97] Arrow K J. The Economic Implication of Learning by Doing [J]. Review of Economic Studies, 1962, 29 (3): 155 – 173.

[98] Combes P P. Economic Structure and Local Growth: France [J]. Journal of Urban Economics, 2000, 3 (47): 329 – 355.

[99] Ciccone A. Agglomeration Effects in Europe [J]. European Economic Review, 2002, 46 (2): 213 – 227.

[100] Cecile B. Dynamic Externalities and Local Growth: A Panel Data Analysis Applied to Chinese Provinces [J]. China Economic Review, 2002 (13): 231 – 251.

[101] Devereux M P, Griffith R, Simpson H. The Geographic Distribution of Production Activity in the UK [J]. Regional Science and Urban Economics, 2004, 34 (5): 533 – 564.

[102] Duranton G, Overman H G. Exploring the Detailed Location Patterns of UK Manufacturing Industries Using Micro – geographic Data [J]. Journal of Regional Science, 2008 (48): 213 – 243.

[103] Ellison G, Glaeser E L. Geographic Concentration in US Manufacturing Industries: A Dartboard Approach [J]. Journal of Political Economy, 1997 (105): 889 – 927.

[104] Ellison G, Glaeser E L, William R K. What Causes Industry Agglomeration? Evidence From Co – agglomeration Patterns [J]. The American Economic Review, 2010, 100 (3): 1195 – 1213.

[105] Fujita M, Krugman P. When is the Economy Monocentric: Von Thune and Chamberl in Unified [J]. Regional and Urban Economics, 1995 (25): 505 – 528.

[106] Fujita M, Thisse J F. Economics of Agglomeration: Cities, Indus-

trial Location and Reginal Growth [M]. London：Cambridge University Press, 2002.

[107] Fujita M, Thisse J F. Does Geographical Agglomeration Foster Economic Growth? And Who Gains and Loses from It? [J]. The Japanese Economic, 2003, 54 (2)：121 – 145.

[108] Glaeser E L, Kallal H D, Scheinkman J A. Growth in Citis [J]. Journal of Politiical Economy, 1992 (6)：1126 – 1152.

[109] Getis A, Ord J. The Analysis of Spatial Association by Use of Distance Statistics [J]. Geographical Analysis, 1992 (5)：115 – 145.

[110] Henderson V, Kuncoro A, Turner M. Industrial Development iStatisticsn Cities [J]. Journal of Political Economy, 1995 (103)：1067 – 1085.

[111] Hoover E. The Measurement of Industrial Location [J]. Review of Economic and Statistics, 1936 (28)：162 – 171；

[112] Jacobs J. The Economy of Cities [M]. New York：Vintage Books USA, 1969.

[113] Krugman P. Increasing Returns and Economic Geography [J]. Journal of Political Economy, 1991, 99 (3)：483 – 499.

[114] Krugman P, Elizondo R I. Trade Policy and the Third Word Metroplis [J]. Journal of Development Economics, 1996, 49 (1)：137 – 150.

[115] Krugman P, Venables A. Globalization and the Inequality of Nations [J]. The Quarterly Journal of Economics, 1995, 110 (8)：857 – 880.

[116] LeSage J P, Pace R K. Introduction to Spatial Econometrics (Statistics, Textbooks and Monographs) [M]. Florida：CRC Press, 2009.

[117] Marshall A. Principles of Economics [M]. London：Macmillan and Co., Ltd., 1920.

[118] Marcon E, Puech F. Evaluating the Geographic Concentration of Industries Using Distance – based Methods [J]. Journal of Economic Geography, 2003 (3)：409 – 428.

[119] Porter M E. Clusters and the New Economics of Competition [J]. Harvard Business Review, 1998 (12): 75 – 90.

[120] Paul Elhorst, Sandy Freret. Evidence of Political Yardstick Competition in France Using a Two – Regime Spatial Durbin Model with Fixed Effects [J]. Journal of Regional Science, 2009 (9): 931 – 951.

[121] Porter M E. The Competitive Advantage of Nations [M]. New York: Free Press, 1990.

[122] Romer P M. Endogenous Technological Change [J]. Journal of Political Economy, 1990, 98 (5): 71 – 102.

[123] Ting Gao. Regional Industry Growth: Evidence from chinese Industries [J]. Regional Science and Urban Economics, 2004 (34): 101 – 124.

[124] Tobler W R, Mielke H W, Detwyler T R. Geobotanical Distance between New Zealand and Neighboring Islands [J]. Bioscience, 1970, 20 (9): 537 – 542.

[125] Weber A. Theory of the Location of Industries [M]. Chicago: The University of Chicago Press, 1929.

[126] Williamson J G. Regional Inequality and the Process of National Development: A Descripition of the Patterns [J]. Economic Development and Cultural Chang, 1965, 13 (4): 1 – 84.

[127] Wachter K W, Freedman D A. Measuring Local Heterogeneity With 1990 U. S. Census Data [J]. Demographic Research, 2000, 3 (10): 1 – 22.

附　录

城市编号	城市名称	区域划分	沿海城市	高行政等级城市	城市编号	城市名称	区域划分	沿海城市	高行政等级城市
1	北京	东部	0	1	15	大同	中部	0	0
2	天津	东部	1	1	16	阳泉	中部	0	0
3	石家庄	东部	0	1	17	长治	中部	0	0
4	唐山	东部	1	0	18	晋城	中部	0	0
5	秦皇岛	东部	1	0	19	朔州	中部	0	0
6	邯郸	东部	0	0	20	晋中	中部	0	0
7	邢台	东部	0	0	21	运城	中部	0	0
8	保定	东部	0	0	22	忻州	中部	0	0
9	张家口	东部	0	0	23	临汾	中部	0	0
10	承德	东部	0	0	24	吕梁	中部	0	0
11	沧州	东部	1	0	25	呼和浩特	西部	0	1
12	廊坊	东部	0	0	26	包头	西部	0	0
13	衡水	东部	0	0	27	乌海	西部	0	0
14	太原	中部	0	1	28	赤峰	西部	0	0

续表

城市编号	城市名称	区域划分	沿海城市	高行政等级城市	城市编号	城市名称	区域划分	沿海城市	高行政等级城市
29	通辽	西部	0	0	58	鸡西	中部	0	0
30	鄂尔多斯	西部	0	0	59	鹤岗	中部	0	0
31	呼伦贝尔	西部	0	0	60	双鸭山	中部	0	0
32	巴彦淖尔	西部	0	0	61	大庆	中部	0	0
33	乌兰察布	西部	0	0	62	伊春	中部	0	0
34	沈阳	中部	0	1	63	佳木斯	中部	0	0
35	大连	中部	1	1	64	七台河	中部	0	0
36	鞍山	中部	0	0	65	牡丹江	中部	0	0
37	抚顺	中部	0	0	66	黑河	中部	0	0
38	本溪	中部	0	0	67	绥化	中部	0	0
39	丹东	中部	1	0	68	上海	东部	1	1
40	锦州	中部	1	0	69	南京	东部	0	1
41	营口	中部	1	0	70	无锡	东部	0	0
42	阜新	中部	0	0	71	徐州	东部	0	0
43	辽阳	中部	0	0	72	常州	东部	0	0
44	盘锦	中部	1	0	73	苏州	东部	0	0
45	铁岭	中部	0	0	74	南通	东部	1	0
46	朝阳	中部	0	0	75	连云港	东部	1	0
47	葫芦岛	中部	1	0	76	淮安	东部	0	0
48	长春	中部	0	1	77	盐城	东部	1	0
49	吉林	中部	0	0	78	扬州	东部	0	0
50	四平	中部	0	0	79	镇江	东部	0	0
51	辽源	中部	0	0	80	泰州	东部	0	0
52	通化	中部	0	0	81	宿迁	东部	0	0
53	白山	中部	0	0	82	杭州	东部	1	1
54	松原	中部	0	0	83	宁波	东部	1	1
55	白城	中部	0	0	84	温州	东部	1	0
56	哈尔滨	中部	0	1	85	嘉兴	东部	1	0
57	齐齐哈尔	中部	0	0	86	湖州	东部	0	0

城市编号	城市名称	区域划分	沿海城市	高行政等级城市	城市编号	城市名称	区域划分	沿海城市	高行政等级城市
87	绍兴	东部	1	0	116	龙岩	东部	0	0
88	金华	东部	0	0	117	宁德	东部	1	0
89	衢州	东部	0	0	118	南昌	中部	0	1
90	舟山	东部	1	0	119	景德镇	中部	0	0
91	台州	东部	1	0	120	萍乡	中部	0	0
92	丽水	东部	0	0	121	九江	中部	0	0
93	合肥	中部	0	1	122	新余	中部	0	0
94	芜湖	中部	0	0	123	鹰潭	中部	0	0
95	蚌埠	中部	0	0	124	赣州	中部	0	0
96	淮南	中部	0	0	125	吉安	中部	0	0
97	马鞍山	中部	0	0	126	宜春	中部	0	0
98	淮北	中部	0	0	127	抚州	中部	0	0
99	铜陵	中部	0	0	128	上饶	中部	0	0
100	安庆	中部	0	0	129	济南	东部	0	1
101	黄山	中部	0	0	130	青岛	东部	1	1
102	滁州	中部	0	0	131	淄博	东部	0	0
103	阜阳	中部	0	0	132	枣庄	东部	0	0
104	宿州	中部	0	0	133	东营	东部	1	0
105	六安	中部	0	0	134	烟台	东部	1	0
106	亳州	中部	0	0	135	潍坊	东部	1	0
107	池州	中部	0	0	136	济宁	东部	0	0
108	宣城	中部	0	0	137	泰安	东部	0	0
109	福州	东部	1	1	138	威海	东部	1	0
110	厦门	东部	1	1	139	日照	东部	1	0
111	莆田	东部	1	0	140	莱芜	东部	0	0
112	三明	东部	0	0	141	临沂	东部	0	0
113	泉州	东部	1	0	142	德州	东部	0	0
114	漳州	东部	1	0	143	聊城	东部	0	0
115	南平	东部	0	0	144	滨州	东部	1	0

续表

城市编号	城市名称	区域划分	沿海城市	高行政等级城市	城市编号	城市名称	区域划分	沿海城市	高行政等级城市
145	菏泽	东部	0	0	174	随州	中部	0	0
146	郑州	中部	0	1	175	长沙	中部	0	1
147	开封	中部	0	0	176	株洲	中部	0	0
148	洛阳	中部	0	0	177	湘潭	中部	0	0
149	平顶山	中部	0	0	178	衡阳	中部	0	0
150	安阳	中部	0	0	179	邵阳	中部	0	0
151	鹤壁	中部	0	0	180	岳阳	中部	0	0
152	新乡	中部	0	0	181	常德	中部	0	0
153	焦作	中部	0	0	182	张家界	中部	0	0
154	濮阳	中部	0	0	183	益阳	中部	0	0
155	许昌	中部	0	0	184	郴州	中部	0	0
156	漯河	中部	0	0	185	永州	中部	0	0
157	三门峡	中部	0	0	186	怀化	中部	0	0
158	南阳	中部	0	0	187	娄底	中部	0	0
159	商丘	中部	0	0	188	广州	东部	1	1
160	信阳	中部	0	0	189	韶关	东部	0	0
161	周口	中部	0	0	190	深圳	东部	1	1
162	驻马店	中部	0	0	191	珠海	东部	1	0
163	武汉	中部	0	1	192	汕头	东部	1	0
164	黄石	中部	0	0	193	佛山	东部	0	0
165	十堰	中部	0	0	194	江门	东部	1	0
166	宜昌	中部	0	0	195	湛江	东部	1	0
167	襄樊	中部	0	0	196	茂名	东部	1	0
168	鄂州	中部	0	0	197	肇庆	东部	0	0
169	荆门	中部	0	0	198	惠州	东部	1	0
170	孝感	中部	0	0	199	梅州	东部	0	0
171	荆州	中部	0	0	200	汕尾	东部	1	0
172	黄冈	中部	0	0	201	河源	东部	0	0
173	咸宁	中部	0	0	202	阳江	东部	1	0

城市编号	城市名称	区域划分	沿海城市	高行政等级城市	城市编号	城市名称	区域划分	沿海城市	高行政等级城市
203	清远	东部	0	0	232	内江	西部	0	0
204	东莞	东部	1	0	233	乐山	西部	0	0
205	中山	东部	1	0	234	南充	西部	0	0
206	潮州	东部	1	0	235	眉山	西部	0	0
207	揭阳	东部	1	0	236	宜宾	西部	0	0
208	云浮	东部	0	0	237	广安	西部	0	0
209	南宁	西部	0	1	238	达州	西部	0	0
210	柳州	西部	0	0	239	雅安	西部	0	0
211	桂林	西部	0	0	240	巴中	西部	0	0
212	梧州	西部	0	0	241	资阳	西部	0	0
213	北海	西部	1	0	242	贵阳	西部	0	1
214	防城港	西部	1	0	243	六盘水	西部	0	0
215	钦州	西部	1	0	244	遵义	西部	0	0
216	贵港	西部	0	0	245	安顺	西部	0	0
217	玉林	西部	0	0	246	昆明	西部	0	1
218	百色	西部	0	0	247	曲靖	西部	0	0
219	贺州	西部	0	0	248	玉溪	西部	0	0
220	河池	西部	0	0	249	保山	西部	0	0
221	来宾	西部	0	0	250	昭通	西部	0	0
222	崇左	西部	0	0	251	丽江	西部	0	0
223	重庆	西部	0	1	252	思茅	西部	0	0
224	成都	西部	0	1	253	临沧	西部	0	0
225	自贡	西部	0	0	254	西安	西部	0	1
226	攀枝花	西部	0	0	255	铜川	西部	0	0
227	泸州	西部	0	0	256	宝鸡	西部	0	0
228	德阳	西部	0	0	257	咸阳	西部	0	0
229	绵阳	西部	0	0	258	渭南	西部	0	0
230	广元	西部	0	0	259	延安	西部	0	0
231	遂宁	西部	0	0	260	汉中	西部	0	0

续表

城市编号	城市名称	区域划分	沿海城市	高行政等级城市	城市编号	城市名称	区域划分	沿海城市	高行政等级城市
261	榆林	西部	0	0	271	平凉	西部	0	0
262	安康	西部	0	0	272	酒泉	西部	0	0
263	商洛	西部	0	0	273	庆阳	西部	0	0
264	兰州	西部	0	1	274	定西	西部	0	0
265	嘉峪关	西部	0	0	275	陇南	西部	0	0
266	金昌	西部	0	0	276	银川	西部	0	1
267	白银	西部	0	0	277	石嘴山	西部	0	0
268	天水	西部	0	0	278	吴忠	西部	0	0
269	武威	西部	0	0	279	固原	西部	0	0
270	张掖	西部	0	0	280	中卫	西部	0	0

注：沿海城市及高行政等级城市用 1 表示。

附表2 沿海城市制造业集聚指数变化情况

城市编号 \ 城市	年份												
	2004	2005	2006	2007	2008	2009	2010	2011	2012	2013	2014	2015	2016
2 天津	1.40	1.38	1.35	1.28	1.22	1.24	1.24	1.41	1.42	1.40	1.38	1.35	1.28
4 唐山	1.04	1.03	1.00	1.03	0.99	1.04	1.00	1.00	1.12	1.04	1.03	1.00	1.03
5 秦皇岛	0.90	0.90	0.87	0.88	0.93	0.98	0.99	0.96	0.93	0.90	0.90	0.87	0.88
11 沧州	0.62	0.56	0.55	0.49	0.46	0.45	0.43	0.53	0.56	0.62	0.56	0.55	0.49
35 大连	1.52	1.56	1.50	1.52	1.47	1.51	1.47	1.45	1.41	1.52	1.56	1.50	1.52

续表

城市编号	城市	2004	2005	2006	2007	2008	2009	2010	2011	2012	2013	2014	2015	2016
39	丹东	0.90	0.86	0.83	0.84	0.84	0.62	0.78	0.87	0.78	0.90	0.86	0.83	0.84
40	锦州	0.80	0.83	0.77	0.72	0.73	0.78	0.72	0.69	0.72	0.80	0.83	0.77	0.72
41	营口	0.98	1.01	1.00	0.97	0.96	1.02	0.95	1.31	1.28	0.98	1.01	1.00	0.97
44	盘锦	0.34	0.31	0.31	0.31	0.26	0.25	0.25	0.27	0.29	0.34	0.31	0.31	0.31
47	葫芦岛	1.39	1.35	1.23	1.20	1.17	1.13	1.10	1.21	1.12	1.39	1.35	1.23	1.20
68	上海	1.28	1.14	1.19	1.28	1.27	1.25	1.22	1.26	1.35	1.28	1.14	1.19	1.28
74	南通	1.63	1.64	1.65	1.68	1.68	1.63	1.63	1.60	1.56	1.63	1.64	1.65	1.68
75	连云港	0.75	0.78	0.76	0.78	0.82	0.84	0.88	0.87	0.86	0.75	0.78	0.76	0.78
77	盐城	0.96	0.98	0.99	1.01	1.02	1.04	1.07	1.07	1.08	0.96	0.98	0.99	1.01
82	杭州	1.10	1.27	1.30	1.36	1.31	1.20	1.11	1.00	0.98	1.10	1.27	1.30	1.36
87	绍兴	1.14	1.18	1.34	1.43	1.52	1.54	1.54	1.63	1.61	1.14	1.18	1.34	1.43
83	宁波	1.60	1.60	1.70	1.67	1.69	1.62	1.59	1.41	1.30	1.60	1.60	1.70	1.67
84	温州	2.01	2.32	2.32	2.27	2.21	2.24	2.20	2.16	2.11	2.01	2.32	2.32	2.27
85	嘉兴	1.11	1.39	1.27	1.25	1.48	1.34	1.19	0.99	0.96	1.11	1.39	1.27	1.25
90	舟山	0.94	0.80	0.75	1.01	0.96	0.93	0.89	0.82	0.79	0.94	0.80	0.75	1.01
91	台州	0.65	0.63	0.60	0.81	0.97	1.09	1.11	1.23	1.18	0.65	0.63	0.60	0.81
109	福州	1.54	1.53	1.52	1.43	1.37	1.30	1.28	1.16	1.10	1.54	1.53	1.52	1.43
110	厦门	2.31	2.20	2.03	1.98	1.85	1.84	1.86	1.76	1.68	2.31	2.20	2.03	1.98
111	莆田	1.99	1.96	1.93	2.01	1.88	1.91	1.85	1.77	1.77	1.99	1.96	1.93	2.01
113	泉州	2.31	2.34	2.31	2.24	2.28	2.27	2.21	2.28	2.25	2.31	2.34	2.31	2.24
114	漳州	1.50	1.57	1.53	1.50	1.47	1.49	1.49	1.46	1.66	1.50	1.57	1.53	1.50
117	宁德	0.42	0.41	0.37	0.38	0.41	0.40	0.38	0.40	1.09	0.42	0.41	0.37	0.38
130	青岛	1.99	1.97	1.99	1.91	1.91	1.87	1.82	1.81	1.81	1.99	1.97	1.99	1.91
133	东营	0.54	0.62	0.70	0.78	0.79	0.76	0.76	0.82	0.83	0.54	0.62	0.70	0.78

续表

城市编号	城市	2004	2005	2006	2007	2008	2009	2010	2011	2012	2013	2014	2015	2016
134	烟台	1.35	1.54	1.52	1.57	1.64	1.68	1.65	1.64	1.70	1.35	1.54	1.52	1.57
135	潍坊	1.46	1.60	1.55	1.48	1.50	1.50	1.42	1.28	1.49	1.46	1.60	1.55	1.48
138	威海	1.91	1.89	1.86	1.82	1.88	1.85	1.83	1.98	2.06	1.91	1.89	1.86	1.82
139	日照	1.18	1.21	1.19	1.20	1.32	1.30	1.32	1.26	1.23	1.18	1.21	1.19	1.20
144	滨州	1.92	2.10	1.96	1.97	2.08	2.04	1.99	1.92	1.93	1.92	2.10	1.96	1.97
188	广州	1.26	1.22	1.20	1.26	1.26	1.23	1.22	1.26	1.23	1.26	1.22	1.20	1.26
190	深圳	1.71	1.58	1.60	1.52	1.53	1.64	1.66	1.56	1.54	1.71	1.58	1.60	1.52
191	珠海	2.40	2.31	2.23	2.20	2.19	2.24	2.24	2.24	2.18	2.40	2.31	2.23	2.20
192	汕头	0.97	0.98	0.95	0.92	0.99	1.03	0.99	0.86	1.29	0.97	0.98	0.95	0.92
194	江门	1.59	1.59	1.57	1.69	1.63	1.69	1.71	1.71	1.79	1.59	1.59	1.57	1.69
195	湛江	0.70	0.72	0.69	0.69	0.66	0.64	0.65	0.62	0.62	0.70	0.72	0.69	0.69
196	茂名	0.49	0.47	0.44	0.44	0.43	0.42	0.40	0.39	0.47	0.49	0.47	0.44	0.44
198	惠州	2.24	2.40	2.32	2.39	2.37	2.45	2.43	2.37	2.35	2.24	2.40	2.32	2.39
200	汕尾	0.62	0.77	0.81	0.91	0.87	0.95	1.11	1.12	1.38	0.62	0.77	0.81	0.91
202	阳江	0.63	0.62	0.63	0.59	0.56	0.49	0.52	0.57	0.51	0.63	0.62	0.63	0.59
204	东莞	1.35	1.27	1.23	1.13	1.10	1.28	1.15	0.98	1.04	1.35	1.27	1.23	1.13
205	中山	1.98	2.02	2.03	1.99	1.91	2.02	2.02	1.97	1.94	1.98	2.02	2.03	1.99
206	潮州	0.83	0.94	0.94	0.99	0.98	0.90	0.95	0.98	0.93	0.83	0.94	0.94	0.99
207	揭阳	0.44	0.54	0.56	0.54	0.54	0.55	0.49	0.64	0.64	0.44	0.54	0.56	0.54
213	北海	0.57	0.53	0.52	0.61	0.69	0.79	0.93	1.09	1.03	0.57	0.53	0.52	0.61
214	防城港	0.32	0.33	0.48	0.40	0.39	0.42	0.40	0.47	0.56	0.32	0.33	0.48	0.40
215	钦州	0.47	0.53	0.49	0.43	0.41	0.39	0.39	0.42	0.46	0.47	0.53	0.49	0.43

附表3　沿海城市生产性服务业集聚指数变化情况

城市编号	年份城市	2004	2005	2006	2007	2008	2009	2010	2011	2012	2013	2014	2015	2016
2	天津	1.17	1.21	1.20	1.23	1.26	1.22	1.21	0.92	1.03	1.01	1.05	1.18	1.29
4	唐山	0.76	0.80	0.83	0.86	0.81	0.78	0.80	0.76	0.77	0.83	0.87	0.92	0.95
5	秦皇岛	1.66	1.65	1.71	1.63	1.59	1.49	1.50	1.59	1.45	1.42	1.44	1.39	1.39
11	沧州	0.80	0.78	0.78	0.80	0.91	0.90	0.86	0.80	0.79	1.06	1.12	1.11	1.09
35	大连	1.30	1.24	1.28	1.19	1.26	1.15	1.22	1.25	1.29	1.23	1.35	1.47	1.50
39	丹东	1.11	1.10	1.14	1.09	1.06	0.83	1.06	1.06	1.13	0.96	0.96	0.89	0.86
40	锦州	1.53	1.17	1.20	1.20	1.19	1.20	1.16	1.17	1.13	1.11	1.14	1.17	1.28
41	营口	1.26	1.25	1.24	1.25	1.30	1.18	1.13	1.08	1.18	1.13	1.29	1.36	1.61
44	盘锦	0.71	0.76	0.93	0.90	0.77	0.55	0.56	0.61	0.51	0.54	0.50	0.51	0.51
47	葫芦岛	0.72	0.72	0.79	0.81	0.83	0.75	0.77	0.95	0.91	0.74	0.80	0.86	0.93
68	上海	1.73	1.69	1.93	1.87	1.86	1.89	1.96	1.63	1.45	2.43	2.02	2.01	1.97
74	南通	0.74	0.75	0.79	0.77	0.75	0.74	0.74	0.80	0.84	0.48	0.42	0.42	0.43
75	连云港	1.18	1.21	1.12	1.08	1.02	0.99	0.97	1.06	1.07	1.20	1.17	1.17	1.15
77	盐城	0.91	0.89	0.89	0.81	0.90	0.90	0.81	0.85	0.87	0.67	0.66	0.64	0.67
82	杭州	1.47	1.38	1.34	1.25	1.17	1.15	1.18	1.21	1.28	1.24	1.22	1.23	1.34
87	绍兴	1.01	0.92	0.84	0.86	0.86	0.83	0.88	0.85	0.94	0.92	0.94	0.96	0.97
83	宁波	0.62	0.61	0.58	0.53	0.54	0.53	0.55	0.67	0.83	0.81	0.80	0.81	0.81
84	温州	0.66	0.50	0.49	0.50	0.52	0.57	0.57	0.67	0.72	0.69	0.70	0.67	0.67
85	嘉兴	0.65	0.49	0.48	0.44	0.38	0.42	0.37	0.35	0.36	0.30	0.32	0.32	0.31
90	舟山	1.34	1.35	1.42	1.33	1.28	1.49	1.55	1.37	1.61	1.39	1.12	1.11	1.09
91	台州	0.99	0.91	0.93	0.82	0.78	0.77	0.75	0.68	0.75	0.64	0.57	0.60	0.62

城市编号	城市	2004	2005	2006	2007	2008	2009	2010	2011	2012	2013	2014	2015	2016
109	福州	0.86	0.84	0.87	0.86	1.07	1.13	1.17	0.80	0.74	0.94	0.87	0.87	0.86
110	厦门	0.66	0.65	0.67	0.68	0.82	0.68	0.68	0.62	0.68	0.75	0.87	0.89	0.86
111	莆田	0.42	0.40	0.43	0.43	0.54	0.53	0.56	0.46	0.43	0.36	0.40	0.40	0.41
113	泉州	0.35	0.33	0.30	0.28	0.25	0.25	0.25	0.24	0.24	0.32	0.31	0.32	0.33
114	漳州	0.55	0.52	0.53	0.50	0.46	0.46	0.48	0.49	0.49	0.73	0.54	0.52	0.53
117	宁德	0.95	1.02	1.03	1.08	0.99	1.02	1.04	1.06	0.75	1.08	0.82	0.85	0.89
130	青岛	0.78	0.77	0.73	0.78	0.79	0.82	0.81	0.81	0.81	0.90	0.92	0.92	0.92
133	东营	0.53	0.59	0.67	0.84	0.81	1.02	1.00	0.70	0.76	0.92	0.97	1.03	0.98
134	烟台	0.86	0.66	0.64	0.63	0.71	0.72	0.72	0.69	0.63	0.80	0.79	0.81	0.75
135	潍坊	0.48	0.45	0.39	0.41	0.41	0.40	0.44	0.48	0.38	0.63	0.60	0.54	0.52
138	威海	0.42	0.43	0.42	0.45	0.44	0.51	0.53	0.36	0.44	0.57	0.64	0.62	0.58
139	日照	0.88	0.93	0.84	0.89	0.88	0.92	0.92	1.14	1.12	0.88	0.87	0.88	0.96
144	滨州	0.31	0.30	0.26	0.27	0.27	0.26	0.34	0.40	0.48	0.48	0.52	0.55	0.59
188	广州	1.50	1.58	1.58	1.52	1.53	1.54	1.54	1.44	1.44	1.90	1.90	1.81	1.86
190	深圳	1.13	1.34	1.32	1.38	1.38	1.35	1.41	1.57	1.67	1.16	1.22	1.29	1.32
191	珠海	0.52	0.60	0.59	0.61	0.60	0.63	0.62	0.66	0.73	0.77	0.85	0.87	0.88
192	汕头	0.92	0.94	0.92	0.89	0.84	0.84	0.80	0.78	0.53	0.60	0.58	0.58	0.74
194	江门	0.75	0.72	0.69	0.65	0.70	0.66	0.58	0.54	0.56	0.64	0.72	0.63	0.67
195	湛江	1.11	1.09	1.08	1.06	0.99	0.95	0.90	0.95	0.96	0.96	0.97	0.96	0.93
196	茂名	0.77	0.76	0.73	0.73	0.74	0.71	0.66	0.65	0.67	0.61	0.60	0.58	0.58
198	惠州	0.48	0.42	0.42	0.36	0.40	0.39	0.41	0.45	0.47	0.54	0.52	0.54	0.52
200	汕尾	0.68	0.64	0.62	0.59	0.59	0.61	0.53	0.56	0.52	0.41	0.43	0.41	0.42
202	阳江	0.67	0.70	0.68	0.72	0.69	0.73	0.73	0.83	0.79	0.59	0.61	0.60	0.59
204	东莞	1.33	1.29	1.29	1.31	1.12	1.03	1.10	1.52	1.34	0.37	0.36	0.38	0.38
205	中山	0.88	0.85	0.80	0.81	0.83	0.83	0.82	0.93	0.90	0.39	0.43	0.44	0.41
206	潮州	1.04	0.95	0.89	0.91	0.87	0.85	0.81	0.87	0.87	0.65	0.57	0.55	0.52
207	揭阳	0.76	0.73	0.71	0.72	0.68	0.65	0.64	0.67	0.66	0.42	0.39	0.38	0.37
213	北海	1.29	1.22	1.19	1.05	0.90	0.94	0.90	0.90	0.86	0.95	0.93	0.89	0.83
214	防城港	1.41	1.57	1.48	1.65	1.51	1.38	1.24	1.23	1.22	1.04	1.25	1.04	0.84
215	钦州	0.88	0.83	0.84	0.91	0.81	0.81	0.76	0.83	0.75	0.65	0.54	0.52	0.49

附表4 沿海城市制造业与生产性服务业协同集聚指数变化情况

城市编号	城市	2004	2005	2006	2007	2008	2009	2010	2011	2012	2013	2014	2015	2016
2	天津	3.48	3.53	3.49	3.48	3.46	3.45	3.44	3.13	3.29	3.20	3.26	3.41	3.45
4	唐山	2.65	2.71	2.73	2.80	2.70	2.68	2.70	2.63	2.71	2.68	2.75	2.77	2.74
5	秦皇岛	3.27	3.26	3.25	3.21	3.26	3.26	3.28	3.30	3.16	2.92	2.93	2.92	2.92
11	沧州	2.29	2.18	2.15	2.04	2.05	2.02	1.95	2.13	2.18	2.31	2.31	2.29	2.26
35	大连	3.74	3.68	3.70	3.59	3.65	3.52	3.60	3.63	3.65	3.54	3.70	3.68	3.70
39	丹东	2.90	2.83	2.81	2.80	2.79	2.31	2.69	2.84	2.73	2.46	2.42	2.40	2.50
40	锦州	3.02	2.82	2.75	2.68	2.68	2.77	2.64	2.61	2.62	2.47	2.56	2.58	2.56
41	营口	3.12	3.15	3.13	3.10	3.11	3.13	2.99	3.30	3.41	3.03	3.10	3.13	3.16
44	盘锦	1.69	1.66	1.74	1.72	1.53	1.42	1.42	1.50	1.53	1.46	1.49	1.54	1.47
47	葫芦岛	2.79	2.77	2.80	2.81	2.82	2.68	2.70	3.04	2.92	2.51	2.71	2.80	2.63
68	上海	3.87	3.63	3.88	3.96	3.95	3.94	3.95	3.76	3.76	4.17	3.66	3.61	3.64
74	南通	2.99	3.02	3.08	3.08	3.05	2.99	3.00	3.07	3.10	2.01	1.86	1.89	1.92
75	连云港	2.72	2.77	2.69	2.69	2.73	2.75	2.80	2.83	2.82	2.75	2.79	2.85	2.74
77	盐城	2.85	2.83	2.83	2.72	2.86	2.86	2.75	2.80	2.84	2.47	2.45	2.39	2.44
82	杭州	3.43	3.60	3.62	3.57	3.42	3.33	3.25	3.12	3.12	2.88	2.82	2.81	2.85
87	绍兴	3.09	2.97	2.96	3.03	3.11	3.07	3.15	3.17	3.28	3.17	3.20	3.22	3.22
83	宁波	2.78	2.76	2.79	2.68	2.72	2.65	2.66	2.73	2.90	2.75	2.72	2.70	2.71
84	温州	3.17	3.18	3.15	3.13	3.11	3.22	3.18	3.30	3.35	3.20	3.23	3.12	3.14
85	嘉兴	2.49	2.39	2.29	2.20	2.27	2.24	2.04	1.86	1.87	1.71	1.75	1.71	1.69

续表

城市编号	城市	2004	2005	2006	2007	2008	2009	2010	2011	2012	2013	2014	2015	2016
90	舟山	3.10	2.89	2.86	3.21	3.10	3.18	3.17	2.94	3.06	2.83	2.68	2.66	2.65
91	台州	2.43	2.36	2.31	2.63	2.64	2.68	2.67	2.62	2.71	2.50	2.35	2.37	2.46
109	福州	3.12	3.09	3.12	3.04	3.32	3.36	3.40	2.77	2.64	2.91	2.75	2.71	2.68
110	厦门	3.41	3.31	3.20	3.17	3.29	3.05	3.07	2.90	2.93	2.81	2.96	2.94	2.85
111	莆田	2.77	2.70	2.72	2.79	2.87	2.87	2.87	2.64	2.59	2.19	2.25	2.31	2.31
113	泉州	2.93	2.91	2.83	2.74	2.73	2.71	2.66	2.72	2.68	2.53	2.48	2.42	2.40
114	漳州	2.59	2.59	2.57	2.49	2.41	2.42	2.47	2.45	2.61	2.75	2.43	2.41	2.46
117	宁德	1.99	1.99	1.93	1.98	1.97	1.98	1.95	2.02	2.65	2.96	2.71	2.79	2.87
130	青岛	3.33	3.30	3.26	3.27	3.28	3.31	3.25	3.23	3.24	3.20	3.22	3.20	3.18
133	东营	2.07	2.18	2.35	2.58	2.59	2.63	2.63	2.43	2.54	2.56	2.58	2.51	2.59
134	烟台	2.99	2.80	2.75	2.77	2.95	3.00	2.98	2.93	2.87	2.97	2.96	2.97	2.91
135	潍坊	2.42	2.48	2.35	2.32	2.33	2.33	2.33	2.31	2.28	2.54	2.53	2.44	2.41
138	威海	2.70	2.69	2.64	2.66	2.70	2.79	2.81	2.64	2.85	2.89	3.02	3.02	3.03
139	日照	2.91	3.02	2.86	2.95	3.00	3.06	3.06	3.35	3.30	2.98	2.97	2.95	3.05
144	滨州	2.51	2.64	2.45	2.48	2.58	2.54	2.63	2.67	2.81	2.64	2.76	2.83	2.90
188	广州	3.68	3.67	3.65	3.69	3.69	3.69	3.66	3.64	3.63	3.59	3.57	3.51	3.38	3.36
190	深圳	3.64	3.84	3.82	3.86	3.86	3.89	3.98	4.12	4.17	3.76	3.89	3.94	3.94
191	珠海	3.28	3.32	3.23	3.24	3.24	3.23	3.30	3.30	3.35	3.41	3.13	3.27	3.32	3.30
192	汕头	2.86	2.89	2.86	2.80	2.75	2.76	2.68	2.60	2.40	2.39	2.38	2.42	2.66
194	江门	2.98	2.92	2.87	2.89	2.94	2.91	2.80	2.73	2.82	2.91	3.03	2.90	2.97
195	湛江	2.59	2.61	2.54	2.54	2.45	2.39	2.40	2.35	2.36	2.15	2.13	2.08	2.06
196	茂名	2.04	1.98	1.92	1.92	1.90	1.86	1.82	1.79	1.96	2.04	2.10	2.16	2.17
198	惠州	3.07	3.12	3.05	3.01	3.06	3.10	3.12	3.14	3.16	3.06	3.13	3.21	3.20
200	汕尾	2.26	2.32	2.30	2.28	2.27	2.34	2.28	2.35	2.45	2.60	2.65	2.64	2.68
202	阳江	2.26	2.26	2.27	2.20	2.14	2.03	2.08	2.21	2.08	2.25	2.30	2.29	2.27
204	东莞	3.67	3.55	3.49	3.37	3.21	3.20	3.23	3.29	3.26	3.26	3.31	3.32	3.36
205	中山	3.48	3.47	3.39	3.38	3.34	3.43	3.42	3.54	3.47	3.09	3.19	3.17	3.13
206	潮州	2.76	2.89	2.80	2.86	2.79	2.73	2.68	2.80	2.77	2.79	2.62	2.57	2.57

城市编号	城市	2004	2005	2006	2007	2008	2009	2010	2011	2012	2013	2014	2015	2016
207	揭阳	1.92	2.12	2.14	2.11	2.10	2.11	1.99	2.29	2.29	2.24	2.32	2.34	2.37
213	北海	2.48	2.36	2.31	2.40	2.45	2.63	2.82	2.89	2.79	2.70	2.82	2.78	2.70
214	防城港	2.09	2.25	2.45	2.44	2.31	2.27	2.14	2.26	2.41	2.18	1.72	1.57	1.50
215	钦州	2.05	2.14	2.06	1.98	1.90	1.85	1.83	1.91	1.97	1.96	2.06	2.03	1.99

后　记

　　本书是在博士论文的基础上经过延伸拓展而形成。书稿的完成、修改耗费了较大的时间和精力。感叹之写作不易，但学会新知识、新技能，在解决难题、跨越挫折中体会快乐与满足。本人才疏学浅，在书稿的形成过程中得到了许多人的热心帮助，在此真诚地表示感谢。

　　感谢吴志军教授严谨的治学态度、刻苦的钻研精神、平和宽容的生活态度，都让我深受启发。感谢习明明老师在写作期间的用心指导，帮我确定思路、指导方法、解决写作过程中的难题。感谢黄信灶、罗小娟两位良师益友给予我的无私帮助，陪我一起讨论、一起纠错、一起完善。感谢胡亚光、王盛怀两位师弟在数据查找、数据处理、写作技巧方面对我的帮助。感谢彭镇华、赵晓奔两位同学，谢谢他们像大哥一样关心爱护我，陪我一起学习成长。感谢其他在写作过程中帮过我的人，他们给我提出了很多建设性的建议和意见，对此书的修改完善助益良多。

　　感谢我的父母和亲人，给了我理解和包容、鼓励和支持，还有满满的爱。特别要感谢在背后支持我、陪伴我的赵老师为我安排好一切，给我满满的关心和爱护。同时也要感谢自己，没有在困难时退缩，没有在逆境中绝望，没有在浮华里迷失，一直在努力中努力。我将以此为起点，怀着感恩与希望，勇往直前。

　　此外，本书的研究工作得到了江西省社会科学基金项目（20YJ32）的资助，在此表示衷心的感谢。书中有部分内容参考了有关单位和个人的研究成果，均已在参考文献中列出，在此一并感谢。由于能力和水平有限，本书不妥之处，敬请读者批评指正。

卢星星

2021 年 3 月于南昌